**Gebrauchsanweisung
für das Burgenland**

Andreas Weinek
Martin Weinek

Gebrauchsanweisung
für das Burgenland

Mit einem Vorwort von Harald Krassnitzer

Piper München Zürich

Mehr über unsere Autoren und Bücher:
www.piper.de

ISBN 978-3-492-27607-8
© Piper Verlag GmbH, München 2011
Karte: cartomedia, Karlsruhe
Satz: le-tex publishing services GmbH, Leipzig
Druck und Bindung: CPI – Clausen & Bosse, Leck
Printed in Germany

Inhalt

Vorwort von Harald Krassnitzer:
Die ultimative Lobhudelei   **9**

Prolog   **15**

Die fünf Seelen des Burgenländers   **19**

Seele No. 1
Die genüssliche Seele   **31**

Seele No. 2
Die künstlerische Seele   **99**

Seele No. 3
Die unternehmungslustige Seele   **133**

Seele No. 4
Die dunkle Seele   **165**

Seele No. 5
Die versöhnliche Seele   **185**

Dank   **199**

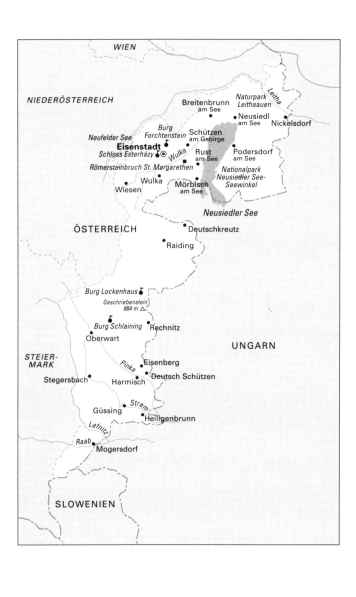

Die ultimative Lobhudelei

Über Freunde zu schreiben ist nicht immer einfach, allzu gern verfällt man in die ultimative Lobhudelei und verliert darüber die Distanz, um in der Lage zu sein, ein komplexeres Bild des zu Beschreibenden abzugeben.

Bei meinem Freund Martin Weinek verliere ich gerne die Distanz, habe nicht eine Nanosekunde Skrupel, in die ultimative Lobhudelei zu verfallen, und ein komplexeres Bild dieses Mannes abzugeben würde ohnedies nur zu einer Fachenzyklopädie führen und somit den Rahmen eines knappen Vorwortes sprengen.

Jetzt ist der eigentliche Anlass dieses Vorwortes nicht die zu Papier gebrachte Biografie des Schauspielers Martin Weinek, den leider die meisten von uns bislang nur als Fritz Kunz in der Serie *Kommissar Rex* kennen. Es ist auch kein önologisches Fachbuch des Winzers Martin Weinek, der sich mit Leib und Seele dem »Uhudler« (dazu später mehr) verschrieben hat. Nein, dieses Vorwort dient dazu, Ihnen, werte Leserin, werter Leser, ein wunderbares »Reisebuch« näherzubringen. Die vorliegende *Gebrauchsanweisung für das Burgenland* ist kein gewöhnlicher Reiseführer. Hier werden Sie nicht mit Daten, Fakten und Adressen der besten Haubenrestaurants, Sternehotels, Wellnesstempel und Wirtshäuser überschüttet. Im Folgenden werden Ihnen auch keine detailgetreuen Schilderungen der sehenswertesten Sehenswürdigkeiten präsentiert – nein, hier bekommen Sie Lebens- und Alltagsgeschichten der Menschen, die das Burgenland prägen beziehungsweise geprägt haben. Von Joseph Haydn bis Dr. Kurt Ostbahn alias Willi Resetarits, einem der ganz großen Rockpoeten Österreichs, geht die Bandbreite der Geschichten, die immer durch einen humorvollen, liebevollen, aber auch selbstironischen Blick auf die »Eingeborenen« gezeichnet sind.

Dass Natur und Mensch in Wechselwirkung stehen und sich aus ebendieser eine regionale Kultur entwickelt und im Weiteren auch Kulturlandschaften entstehen, versteht sich von selbst. Dass sich diese Kultur im Burgenland auf eine ganz besondere Art entwickelt hat, mag mitunter auch daran liegen, dass das jüngste Bundesland Österreichs (es wurde erst 1921 Österreich zugesprochen) nach Beendigung des Zweiten Weltkriegs und Klärung der neuen Machtverhältnisse in Europa plötzlich der östlichste »Zipfel« Mitteleuropas am Eisernen Vorhang war. Was so viel heißt wie: Hier haben sich Fuchs und Hase gute Nacht gesagt – oder, wie böse Zungen behaupteten: »Hier ist man am A… der Welt zuhaus.«

Selbstverständlich war das Leben im Burgenland zu diesen Zeiten nicht einfach, aber es hatte, wie man jetzt feststellen muss, auch Vorteile. Denn viele Entwicklungen und Trends der modernen österreichischen Tourismusindustrie kamen erst gar nicht bis ins Burgenland, und so hat man sich auch etliche Irrtümer erspart und sich den »Rohdiamanten Burgenland« erhalten.

Natürlich hat mittlerweile auch im Burgenland die Moderne Einzug gehalten. Wellness, Golf und Eventereignisse haben das Burgenland erreicht, und trotzdem: Hier gehen die Uhren noch anders, und zwar spürbar. Während allerorts über Begriffe wie »Entschleunigung« und »Slow-Food« diskutiert wird und Konzepte zu deren Umsetzung gesucht werden, praktiziert man sie im Burgenland. Und zwar nicht, weil man sich mit den Begriffen rechtzeitig auseinandergesetzt und die richtigen Konzepte gefunden hätte, sondern weil man immer schon danach gelebt hat. Man lässt sich eben Zeit zum Leben und hat Zeit für den Genuss.

Davon erzählt dieses Buch, das sozusagen in einer brüderlichen Koproduktion entstanden ist. Da ist zum einen der bereits gelobhudelte »Uhudler«-Winzer, Schauspieler, Freund Martin Weinek und zum anderen sein Bruder, Dr. Andreas Weinek, der als Geschäftsführer des in Deutschland ansässigen History-Channel tätig und mit seiner ausgeprägten Leidenschaft für die Zeitgeschichte ein kongenialer Partner-Bruder für Martin ist. Denn Andreas Weinek lebt in München und verfügt so über den notwendigen »Distanzblick«; Martin hat sich vor fünfzehn Jahren in Hagensdorf im Südburgenland ein kleines Weingut inmitten der letzten Uhudler-Enklave Österreichs gekauft.

Der Uhudler setzt sich aus speziellen Rebsorten zusammen, die um 1870 im Zuge der großen Reblauskrise nach Österreich importiert wurden. Nach dem großen österreichischen Weinskandal wurden sie 1980 verboten, bis man 1990 beschloss, dass insgesamt acht Gemeinden im Südburgenland diese Rebsorten noch anbauen und damit die Welt weiterhin mit Uhudler versorgen durften.

Manchmal erinnern diese acht Gemeinden mit ihrem Kampf und der Pflege rund um das Uhudler-Kulturerbe ein wenig an das berühmte gallische Dorf. Und vielleicht ist gerade dieser Hartnäckigkeit und Ausdauer auch dieses wunderbare Reisebuch zu verdanken.

Harald Krassnitzer
im Dezember 2010

Prolog

»Im Buagenlaund is schee(i)n,
Wauns regnd kaunst ned gee(i)n.
Is Haus vulla Loam,
Owa dahoam is dahoam.«

Wenn Sie diese Zeilen fehlerfrei, also richtig akzen-
tuiert aussprechen können, sind Sie schon ein großes
Stück vorgedrungen bei der Erkundung von Österreichs östlichstem und auch jüngstem Bundesland.
Also ruhig noch einmal lesen und laut wiederholen.
Sich mit der Landessprache auseinanderzusetzen ist
unumgänglich, will man nicht »lost in translation«
in einer der unzähligen Kellergassen vor Riesenbro-

ten, bestrichen mit allem, was Gesundheitspäpste landauf, landab verbieten, verhungern – Grammelschmalz, Bratlfett, Verhackerts (ähnlich den französischen Rilettes). Überhaupt scheint es, dass der Burgenländer neben dem Wein auch in Borstenvieh und Schweinespeck seinen idealen Lebenszweck gefunden hat. Ähnlichkeiten mit den östlichen Nachbarn sind zwar nicht unbedingt erwünscht, dafür aber unübersehbar.

Und da sind wir auch schon bei der kollektiven Neurose, die die Burgenländer in vergangenen Zeiten mitunter zu den deutschesten aller Österreicher werden ließ. In den, zugegebenermaßen eher seltenen Regenperioden verfolgt einen der »Loam«, also Lehm, bis in die eigene Wohnstube. Und mit dem Lehm ist es so eine Sache, man kann putzen und putzen, man kriegt ihn trotzdem nie ganz aus den Schuhsohlen. Genauso verhält es sich mit der eigenen Vergangenheit. Kroatisch und Ungarisch wurde vor nicht allzu langer Zeit zwar in vielen Haushalten gesprochen, aber eben nur da und hinter verschlossenen Gardinen in abgedunkelten Räumen. Hier scheint sich nun langsam, aber sicher ein neues Selbstbewusstsein zu entwickeln. Langsam, sehr langsam, denn, wie schon der legendäre Burgenländer und ehemalige österreichische Bundeskanzler Fred Sinowatz so treffend sagte: »Es ist alles sehr kompliziert.«

Wenden wir uns der positivsten Seite der pannonischen Wurzeln zu, der Freude am ausschweifenden Feiern und der damit einhergehenden Gastfreundschaft. Wer jemals das Vergnügen hatte, bei einem burgenländischen Hochzeitsfest eingeladen gewesen zu sein, wird das sein Leben lang nicht mehr vergessen, schon allein wegen der Extrapfunde, die sich danach auf immer und ewig der Leibesmitte verbunden fühlen.

Vermutlich sind es das milde Klima und die zauberhafte, von Weinbergen und sanften Hügeln geprägte Landschaft, die den Burgenländer letztlich zu einer ganz besonderen Ausgabe der Spezies Österreicher machen. Der Name Pannonien übrigens, der leitet sich vom thrakischen Hirtengott Pan her.

Aber nun hinein ins pannonische Vergnügen.

Die fünf Seelen
des Burgenländers

Wenn man das Burgenland als einen Menschen beschreiben müsste, dann hätte dieser viele Gesichter.

Als Mädchen oder Knabe wurde er hineingeboren in eine Zeit, in der kurz zuvor der bereits vom Tod gezeichnete Habsburgerkaiser Franz Josef I. (richtig, der Franzl) den Untergang seines Vielvölkerreiches mit ansehen musste. Ein Staatsgefüge, das sich neben Österreich und Ungarn auch auf die Gebiete des heutigen Tschechiens, der Slowakei, Sloweniens, Bosnien-Herzegowinas und zum Teil über Serbien, Italien, Polen, Rumänien, Bulgarien, Montenegro und die Ukraine erstreckte. Eine Sitzung der 516 Abgeordneten des k. u. k. Reichsrats fand damals in zehn unterschiedlichen Sprachen, jedoch ohne Dolmetscher statt. Nationale Interessen und natürlich Konflikte der Parteien von den Christlich Sozialen über die Sozialdemokraten bis zu den Deutschnationalen waren an der Tagesordnung und führten zeitweise dazu, dass das Parlament wegen Arbeitsunfähigkeit geschlossen werden musste.

Während unser Burgenlandmensch die ersten Gehversuche hinter sich gebracht und die Milchzähne bekommen hat und gerade versucht, zusammenhängende Sätze zu bilden, beweint Europa immer noch die zigtausend jungen Männer, die auf den Schlachtfeldern des Ersten Weltkriegs ihr Leben lassen mussten.

Das Burgenländer Kind wird noch nicht verstehen, dass der neue Staat, die erste Republik Österreich, zusammengeschrumpft auf das heutige österreichische Staatsgebiet, dass dieser Staat, der ihn eben erst in seine Gemeinschaft aufgenommen hat, von vielen als nicht überlebensfähig betrachtet wird. Nicht wenige meinen damals, dass das Heil im Zusammenschluss mit dem großen deutschen Bruder zu finden sei. Mit achtzehn Jahren wird er erleben, dass dieser Wunsch in Erfüllung geht, aber vermutlich haben sich das viele ganz anders vorgestellt. Unser Burgenlandmensch wird teilhaben an der Vergewaltigung Europas. Wird an der Eroberung von Lebensraum teilnehmen, an der Vernichtung angeb-

| 20

lich minderen oder unwerten Lebens. Ein Teil von ihm wird später sagen, man habe ihn gezwungen, ein Teil wird darüber schweigen, dass er freiwillig mitgemacht hat. Und dann wird er endlich aufwachen und hoffen, dass alles nur ein böser Traum war.

Doch schon werden vor seinen Augen Stacheldrahtzäune hochgezogen und Minenfelder gelegt. Als junger Erwachsener wird er erleben, dass halb Europa hinter einem Vorhang aus Eisen verschwindet und er selbst sich in einem wirtschaftlich darniederliegenden Grenzgebiet wiederfindet.

Ein Teil von ihm wird das Glück in einer neuen, fremden Welt suchen. Zwischen Baum und Borke wird der andere Teil die Armut einer ländlichen Region auf dem Abstellgleis kennenlernen. Wird die Ärmel hochkrempeln müssen, wird im Pendlerbus das aufkeimende Wirtschaftswunder in den Fabriken weit entfernter Städte suchen und finden, wird das dort erwirtschaftete Geld in das eigene Land stecken, es wieder aufbauen, ausbauen und zu einer der wirtschaftlich erfolgreichsten Regionen Österreichs machen.

Und dieser Mensch nun oder, besser gesagt, dieses Menschengemisch hat natürlich eine Seele, oder wie immer man nennen will, was den menschlichen Geist antreibt. Unser Burgenlandmenschengemisch, das ist das Besondere, hat gleich fünf Seelen. Diese Seelen sind vielschichtig, vereinen jüdische, katholi-

sche, evangelische, muslimische und natürlich athe-
istische Traditionen, Slawisches und Bajuwarisches,
Östliches und Westliches. Ein Widerspruch, meinen
Sie? Aber natürlich. Das macht ihn ja gerade aus,
den Burgenländer. Eine gute Mischung aus alldem.
Manchmal obsiegt die eine, manchmal die andere
Seite. Selbst finsterste Seiten vereint er in sich. Grau-
sames und Brutales, an dem er schwer zu arbeiten
hat, um seinen inneren Ausgleich wiederherzustel-
len. Das ist ihm noch nicht ganz geglückt, aber er
denkt ja in längeren Zeiträumen, und er hat viele
Mitstreiter, die ihm helfen, die perfekte Balance zu
finden.

Packen Sie also Ihren virtuellen Wanderstab, vergessen Sie Jakobs- und sonstige Wege, und folgen Sie
uns auf eine Wanderung durch die Seelenlandschaft
eines spannenden Fleckens Erde, der gegensätzlicher
nicht sein könnte.

Aber Obacht. Ein böser Zauberer treibt seit Ur-
zeiten sein Unwesen im Burgenland und macht
dessen Einwohnern das Leben schwer. Sie müssen
also stark und tapfer sein und gemeinsam mit uns
versuchen, den Zauberer zu besiegen. Wollen Sie?
Nun, die Macht ist mit uns. Also nur Mut, und los
geht's!

Bevor wir uns nun den Seelen nähern, uns sozusagen auf eine literarische Seelenwanderung begeben,

wollen wir uns noch mit ein paar Tatsachen rüsten,
ohne die das Burgenland schwer zu verstehen ist.

Ursprünglich unter der Bezeichnung Deutsch-
Westungarn dem ungarischen Teil der Habsburgermonarchie zugerechnet, kam das Land erst 1921 zur
damals noch jungen Republik Österreich. Lustige
Gesellen empfahlen, es »Heinzenland« zu nennen,
nach dem noch heute weitverbreiteten »Hianzn«-Dia-
lekt, übrigens vom Nord- und Mittelbairischen ab-
stammend. Wir erinnern uns: »Im Buagenlaund is
schee(i)n, ...« Glücklicherweise entschied man sich
dann doch für die Bezeichnung Burgenland, was
auf die drei ungarischen Verwaltungseinheiten, auch
Komitate genannt, Wieselburg (Moson), Ödenburg
(Sopron) und Eisenburg (Vas) zurückgeführt wird.
Ursprünglich war auch geplant, quasi als vierte Burg,
Pressburg (Bratislava) hinzuzufügen. Doch dagegen
hatte die damalige Tschechoslowakei etwas, und so
muss man sich mit drei Burgen begnügen. Was natürlich nicht ganz stimmt, denn Burgen gibt's dort
viele. Doch denen werden wir uns später widmen.

Seit 1945 grenzt das zweitkleinste der neun österreichischen Bundesländer (kleiner ist nur noch Vor-
arlberg) im Nordosten an die Slowakei, gefolgt von
Ungarn, und im Süden an Slowenien. Im Westen
stößt es an die Steiermark und im Nordwesten an
Niederösterreich. Zu den autochthonen Sprach-
gruppen gehören, wie bereits erwähnt, die Burgen-

landkroaten, die Burgenlandungarn und die Bur-
genlandroma. Als Religion sind mehrheitlich die
Katholiken vertreten, doch verfügt das Burgenland im Gegensatz zu Restösterreich mit 14 Prozent über den größten Anteil an Protestanten. Ende
des 19. Jahrhunderts waren große jüdische Gemeinden entstanden. Der Genozid nach dem Anschluss
Österreichs an Hitlers »Drittes Reich« im Jahr 1938
hat davon nur noch marginale Spuren übriggelassen
(siehe Seele No 4).

Im Zuge der Weltwirtschaftskrise in den Zwan-
zigerjahren des letzten Jahrhunderts wanderten viele
Burgenländer in die USA aus. Ob das »Hianzische«
irgendeinen Einfluss auf amerikanische Dialekte gefunden hat, ist zwar denkbar, volkskundlich bisher
allerdings nicht belegt.

Die Öffnung der Ostgrenzen hat der Region wirtschaftlich sicher gutgetan. Immer noch fährt man
gern ins Ungarische zum Einkaufen, zum Friseur
oder zum Zweck medizinischer Behandlung, vor-
zugsweise der Zähne. Supermärkte britischer Provenienz locken mit Billigpreisen, und längst muss
in ungarischen Kaufhäusern nicht mehr einmal am
Tag die österreichische Bundeshymne gespielt werden, bei der der gelernte Staatsbürger (Österreicher)
andächtig strammzustehen hat, sodass den Ungarn
die Chance eröffnet wurde, schnell das Nötigste
an Lebensmitteln einkaufen zu können, wie ein

Ondit aus den Achtzigern behauptet. Aber auch andersherum scheint sich das Zusammenwachsen der Regionen auszuzahlen. Zwar werden wie in alten Wirtschaftsboomzeiten oftmals Tätigkeiten, die den Einheimischen zu mühsam erscheinen, von Arbeitern aus dem Nachbarland ausgeführt, doch führt dieser Austausch – Arbeitskraft gegen Euro –, wenn auch sehr gern in der österreichtypischen Variante des Pfuschs, also am Fiskus vorbei, durchgeführt, zu einer unübersehbaren Prosperität in den ungarischen Grenzgemeinden.

Die Ungarn haben es immer schon besser verstanden, auf die kleinbürgerlichen Bedürfnisse des großkopferten (= überheblichen) Nachbarn zu reagieren. Noch in Zeiten, als sich jeder Wiener Hausmeister als Forintmillionär fühlen durfte und sich rund um den Balaton auch so aufführte, verstand es der Ungar, daraus für sich Kapital zu schlagen. Ausgehend von der völlig zutreffenden Annahme, dass die Urlauberscharen ein Chateaubriand nicht von einer Schuhsohle unterscheiden könnten, servierte man kaum Genießbares mit klingenden Namen und in großen Portionen. Man ließ dem Österreicher das Gefühl, endlich auch einmal (wieder) auf andere herabschauen zu können und sich mit den paar gewechselten Schilling alles, was das Herz begehrte, leisten zu können. Man spielte sozusagen den Deschek (= übernommen aus dem Ungarischen, bezeichnet in der österreichischen Variante der *Deschek* einen Trottel vom Dienst), schluckte tapfer den Ärger über die von Barack und Krimsekt berauschten Prolos hinunter und freute sich heimlich und leise über den Umsatz und über das Kopfweh, das die maßlosen Zecher am nächsten Morgen überkommen würde.

Eines muss man den Burgenländern aber zugestehen. Auch sie haben rasch begriffen, dass die Ostöffnung wirtschaftliche Vorteile bringen könnte. Kein Gastronomiebetrieb kommt mehr ohne nachbarschaftliche Hilfe in der Küche und beim Service aus. Das Lohnniveau ist immer noch extrem niedrig, und der Deschek hat sich genealogisch erhalten – auf beiden Seiten. Und noch eines spricht für den Burgenländer: Anders als die karinthischen (Kärntner) Starrköpfe findet er es seit über 60 Jahren völlig normal, dass mehrsprachige Ortstafeln die Wege säumen. Man hat den Eindruck, dass er zwar gern schimpft und noch viel lieber der urösterreichischen Volkssportart, dem »Raunzen«, nachhängt, sich aber dann doch immer irgendwie mit dem Unvermeidlichen und Unveränderlichen arrangiert. Auch eine Art Lebensphilosophie – und womöglich gar keine schlechte.

Wirtschaftlich betrachtet war das Burgenland lange Zeit der letzte tatsächliche Arbeiter- und Bauernstaat Mitteleuropas, ausgestattet mit dem heftigen Minderwertigkeitskomplex, den ökonomische

Schlusslichter nun mal gern entwickeln und in der ostösterreichischen Ausprägung noch viel genussvoller hegen und pflegen. Ja, Sigmund Freud wirkte zwar in Wien, hätte aber am Burgenland seine wahre Freude gehabt.

Aber wir wollen hier nicht das Land im Nachhinein auf die Couch legen. Das besorgen die um ihr Bundesland besorgten Burgenländerinnen und Burgenländer schon selbst. Dennoch muss man konstatieren, dass es vor allem in der Politik einige verhaltensoriginelle Exemplare des Homo pannoniensis gab und gibt.

Aber wo gibt's die nicht, werden Sie sagen, und damit haben Sie vermutlich recht. Tatsache ist, dass das Burgenland, wie kein anderes österreichisches Bundesland, von der *Ziel-1-Förderung* der Europäischen Union profitiert. Dieser solidarische Versuch des monetären Ausgleichs hat es sich zum Ziel gesetzt, die im gesamten EU-Raum am stärksten wirtschaftlich benachteiligten Gebiete zu unterstützen. Ein löblicher, hehrer Gedanke. Zumindest, was die Überweisung von Geldern aus Brüssel angeht. Denn die strukturschwachen Regionen müssen natürlich, gebunden an Auflagen, versuchen, mit diesen finanziellen Mitteln das für sie langfristig vorteilhafteste Konjunkturkonzept umzusetzen.

Aber was hat nun das Burgenland aus dieser Förderung gemacht? Würde man sich die Mühe machen,

das aktuelle statistische Jahrbuch der österreichischen
Wirtschaftskammer zu studieren, so könnte man den
Eindruck gewinnen, dass Österreich insgesamt im
internationalen Ranking, und das Burgenland in-
nerhalb Österreichs im Besonderen, durchaus vor-
zeigbare Wirtschaftswachstumsraten aufweist. Alle
Entwicklungen, sei es bei der Schaffung von Arbeits-
plätzen und der damit einhergehenden Verringerung
der Arbeitslosenzahlen, sei es bei Betriebsansiedlun-
gen zeigen in die richtige Richtung. Fraglich nur,
ob die wohl hauptsächlich auf die Brüsseler Finanz-
spritze zurückzuführende Konjunkturbelebung von
anhaltender Natur ist. Fraglich auch, was man im
Burgenland tut, um Nachhaltigkeit zu erzeugen. Wie
hält man's mit dem Tourismus? Lieber Masse? Oder
doch Klasse? Was passiert im Bereich erneuerbarer
Energien? Wenn der pannonische Wind mal so richtig loslegt, purzeln die Kilowatt nur so in die Ge-
neratoren.

Und was geschieht im Bildungsbereich?

Erstaunlich viel für ein so kleines Land. Erwäh-
nenswert ist beispielsweise, dass in der südburgenlän-
dischen Gemeinde Oberwart vor Jahren ein Schul-
versuch gestartet wurde, der sich »neue Mittelschule«
nennt und den Versuch einer Hybridform zwischen
Gymnasium und Hauptschule darstellt. Mit eige-
ner Ungarisch-Klasse. Gemessen an den Dramen,
die sich in der Bundesrepublik abspielen, wenn es

um das aktuelle Schulsystem und dessen Auswirkungen auf unseren Nachwuchs geht, ein revolutionärer Gedanke. Hier wie dort wird ein Umdenken stattfinden müssen, und da haben es kleinere Strukturen naturgemäß leichter. Dazu gehört allerdings ein Mindestmaß an politischer Vision und Gestaltungswillen. Oder aber Menschen, die anpacken, die etwas tun und die Dinge nicht nur über sich ergehen lassen. Davon gibt's zum Glück einige.

Man sieht, ein Land wie das Burgenland kann es sich gar nicht leisten, in schulpädagogisch-ideologischen Grabenkämpfen stecken zu bleiben. Wem der Mut fehlt, innovative Bildungsangebote zu schaffen und auszuprobieren, der wird mittelfristig auf der Strecke bleiben.

Aber wie wird man in Zukunft mit der Arbeitsplatzsituation umgehen? Wie kann es gelingen, die qualifizierten jungen Menschen im Land zu halten oder wieder zurückzuholen aus den Großstädten der umliegenden Länder? Wo stehen die Nachbarstaaten Slowenien, Kroatien und Ungarn im Bildungsbereich? Wie lange wird man den ökonomischen Vorsprung halten können? Reichen dazu die derzeitigen Anstrengungen? Oder bedarf es mehr?

Man darf gespannt sein. Augenfällig ist, dass sich etwas rührt im Land. Ob man die Chancen nutzt, die Zeichen der Zeit erkennt, wird die Zukunft weisen. Dass der ökonomische Aufbruch vor allem der ersten, der genüsslichen Seele, der wir uns in Kürze widmen wollen, gutgetan hat, wird niemanden verborgen bleiben. Und wenn das Wirtschaftswachstum hilft, den Genuss zu fördern, die innere Balance zu finden und damit Zufriedenheit, soll es uns recht sein.

Und ist das so? Um das herauszufinden, machen wir uns nun endgültig auf die Suche nach unserem Burgenländer und seinen fünf Seelen.

Seele No. 1

Die genüssliche Seele

Vor vielen, vielen Jahren kam ein böser Zauberer ins Land. Er sprach einen Zauber über die Menschen aus, sie sollten von nun an möglichst viel, möglichst billiges Essen in sich hineinstopfen. »Viel und billig«, so lautete der Zauberspruch. Und damit sich die Menschen bei der Suche nach vielem, billigem Essen nicht allzu schwer taten, schuf er flugs Ausflugsgasthöfe, die er mit dunklem Holz und geschmacklosen Sitzmöbeln ausstaffierte. Die Toiletten durften auf gar keinen Fall gereinigt werden und mussten immer heftig nach Urin und anderen olfaktorischen Herausforderungen stinken. Die Besitzer dieser Gasthäuser waren natürlich mit dem Zauberer im Bunde und erhielten für ihre Mühen reichlich Gold- und Silberstücke. Allerdings nicht vom Zauberer, sondern von den Menschen, die ja, da verzaubert, gar nicht bemerkten, was ihnen da untergejubelt wurde, sondern, gebannt vom Zauberspruch: »Viel und billig«, gierig in sich hineinstopften, was man ihnen vorsetzte.

Da gab es allerlei frittiertes, paniertes oder gegrilltes Fleisch, angerichtet auf großen Platten. Dazu Berge von frittierten Kartoffeln, die erst so richtig zur Geltung kamen, wenn sie sich mit der sauren Marinade der Salatimitationen vollgesogen hatten, die der Einfachheit halber gleich auf der Platte mitserviert wurden. Die Salatmarinade hatte auch den Vorteil, dass das bereits mehrmals unterschiedlich zum Einsatz gebrachte Frittieröl nicht so vorschmeckte. Damit das Ganze allen gut mundete, gab es dazu reichlich Soßen. Aus der Flasche und der Tube natürlich. Die standen dann, meist schon etwas klebrig, auf dem mit einem ebenso klebrigen Plastiktischtuch bedeckten Tisch. Schließlich musste ja alles rasch gehen. Denn wenn der Mensch einmal an seinem Tisch saß, dann war er kaum noch zu halten. Wollte alles sofort und auf einmal. Und wurde selbstverständlich von arroganten Kellnern ignoriert.

Aber auch dafür hatte der böse Zauberer eine Lösung gefunden. Er erfand das Buffet. Nun hieß »Viel und billig« plötzlich »All You Can Eat«. Und was war das für eine Freude! Jetzt konnten die Menschen erst so richtig zulangen. Und da die Menschen des Landes grundsätzlich spaßige Leute waren, erfanden sie einen Wettbewerb. Wer es schaffte, das meiste auf seinen Teller zu laden, der hatte gewonnen. Als Preis durfte er oder sie alles ganz allein aufessen. Ein köstliches Potpourri aus Tomaten mit Mozzarella, Salami, Schinken, verschiedenen Käsesorten (je nachdem, von welcher Seite man das Buffet stürmte), vermischte sich mit gebratener Hühnerbrust auf Pasta in reichlich Rahmsauce, Boeuf Stroganoff (ebenfalls reichlich Rahmsauce) mit Prinzesskartoffeln und paniertem Zander in – Sie haben's erraten – reichlich Rahmsauce, die sich allerdings durch das viele Fett, in dem der Zander gebraten wurde – Fisch muss schließlich schwimmen –, von der Konsistenz der anderen reichlichen Rahmsaucen zwar marginal, aber doch unterschied.

Noch Platz für ein gebratenes Lachsfilet? Immer drauf damit. Noch etwas Paella? Was ist denn das? Ach so, der Reis da. Ja, sieht lecker aus. Drauf damit. Die Crème Caramel schaff ich aber nicht mehr. Aber das Schöne am Buffet ist ja, dass man öfter gehen und sich etwas holen kann. Wäre ja auch gemein, wer soll denn all die Leckereien auf einmal tragen können. Und diese Teller sind einfach zu klein.

Aber warum hatte der Zauberer das alles getan? Weil er boshaft und gemein war und sich diebisch freute, wenn die Menschen, geplagt von ihrem Übergewicht, schwitzend und keuchend durchs Leben tapsten. Und am meisten freute er sich, wenn sie sich, der Fettleibigkeit endlich überdrüssig, in gummiartige Vollkörperpräservative zwängten, an Aliens erinnernde Kopfbedeckungen aufsetzten und sich umständlich auf ihre Mountainbikes schwangen.

Doch halt, was war das? *Widerstand!* Heimlich, still und leise begannen einige Gaststättenbesitzer gegen ihren Herrn und Meister zu rebellieren. Schütteten, wenn er gerade nicht hinsah, das ranzige Frittieröl in den Ausguss, renovierten mitten in der Nacht ihre Wirtsstuben, stellten die Speisekarten um, kauften ihre Zutaten bei den Bauern in der Region. Der böse Zauberer merkte anfangs von alldem nichts. Zu sehr freute er sich über die dickleibigen Menschen, die faul im Schatten der Bäume an den Ufern des großen Sees lagen und sich zwischen den großen Mahlzeiten die Zeit mit allerlei Naschereien, Kuchen und Eis vertrieben. In seiner Welt schien alles in Ordnung.

Doch als er eines Morgens an der Seeuferstraße entlangspazierte, kam ihm ein Trupp Läufer entgegen. Die waren gar nicht dick. Dann ein Trupp Nordic Walker und nach ihnen Biker, und es wurden immer mehr und mehr und mehr. Sie beachteten den Zauberer gar nicht, sondern eilten fröhlich lachend vorbei. Der Zauberer begann zu schreien

34

und zu toben, als hätte man ihm sein Lieblingsspielzeug kaputt gemacht.

Und wie jedes Märchen geht auch dieses gut aus. Vor lauter Schreien und Toben übersah der Zauberer eine besonders schnelle Gruppe von Radfahrern. Zwar konnte er im letzten Augenblick in den Schilfgürtel springen, aber da Zauberer ja bekanntlich zwar zaubern, aber nicht schwimmen können und unserem Zauberer vor Schreck der passende Zauberspruch einfach nicht einfallen wollte, versank er jämmerlich im Morast des Neusiedler Sees. Tot war er!

Tja, und seit damals gibt es überhaupt keine »Viel und billig«- oder »All You Can Eat«-Restaurants mehr im Burgenland, sondern nur noch solche, die mit natürlichen Rohstoffen und gesunden Lebensmitteln aus der Region Nahrhaftes für ihre Gäste appetitlich auf den Wirtshaustisch bringen. Oder sagen wir, fast nur solche.

Wie Sie sicher bemerkt haben, ist diese Geschichte uralt und wird nur noch an lauen Sommerabenden, deren es im Burgenland gar viele gibt, von Generation zu Generation weitererzählt.

Ironie aus.

Aber besuchen Sie nun mit uns einige Helden des Widerstandes. Menschen, die sich den Genuss zum Lebensmittelpunkt erkoren haben. Die begriffen haben, dass Qualität sich langfristig immer durchsetzt und man damit durchaus gutes Geld verdienen kann. Und wenn das Ganze auch noch Freude macht, hat man seinem Leben so einen sinnvollen Inhalt beschert.

Eigentlich sind sie ja die wahren Gralshüter der genüsslichen Seele des Burgenländers, angetreten mit dem Auftrag, Gelassenheit durch Lebenslust unter das Volk zu bringen.

Beginnen wir unsere Pilgerreise zu den Kultplätzen der Genüsse im Norden des Neusiedler Sees, genauer in der Gemeinde Neusiedl am See. Von Wien aus ist die beschauliche Ortschaft gut mit der Bahn zu erreichen. Wir wollen aber noch mehr sehen und haben uns daher für das Auto entschieden. Auf den ersten Blick möchte man es hier eigentlich wie alle machen: Durchfahren. Aber das wäre ein schwerer Fehler. Klar verleiten die links und rechts der Hauptstraße gelegenen Ableger großer Einzelhandelsketten kaum zum Anhalten, es sei denn, Sie wollten Ihren Vorrat an Lebensmitteln, Toilettenartikeln, Surfbrettern, Taucheranzügen oder sonstigen Dingen des täglichen Bedarfs auffrischen. Fahrradschlauch geplatzt? Kein Problem. Auch die klassische Zwischenmahlzeit des Österreichers von West bis Ost, die Extrawurstsemmel mit Essiggurkerl und einer Dose Cola, lässt sich hier mühelos und in bester Qualität auftreiben.

Aber wie gesagt, wenn Sie das alles gerade nicht brauchen, ärgern Sie sich vermutlich erst einmal nur über die vielen Ampeln, die den Durchzugsverkehr behindern. Daher wappnen Sie sich mit Gleichmut, Sie sind im Urlaub und müssen vor nichts davonlaufen. Steuern Sie den nächsten Parkplatz an, und machen *Sie* sich auf die Suche nach dem *Weinwerk*. Adresse: Neusiedl, Obere Hauptstrasse 31. Sie werden sehen: Der Besuch einer Vinothek, von denen es im gesamten Burgenland einige gibt, ist ideal, um der Genussseele unseres Burgenländers auf die Spur zu kommen. Doch das *Weinwerk* ist viel, viel mehr als nur eine Vinothek. Also folgen Sie uns!

Wir betreten das Renaissancegebäude durch ein mächtiges, auch für diese Gegend typisches Flügeltor und gelangen in einen lang gestreckten Innenhof. Aufgrund der besonderen klimatischen Verhältnisse empfängt Sie in diesen Innenhöfen meist eine spannende Floramischung aus Oleander, Olivenbäumen und natürlich Weinreben. Es geht leicht hügelan, der Boden ist gepflastert. Rechter Hand schließt sich an den alten Bau stilvolle zeitgenössische Architektur. Glas, Stahl und Beton sind gekonnt zu einer offenen, dennoch zurückhaltenden Mischung zusammengeführt. Den Hauptteil des Anbaus dominiert eine lange Schank, und einige Tische und Stühle verlangen erst einmal besetzt zu werden, um sich in aller Ruhe und am besten bei einem Glas Winzersekt einen Überblick zu verschaffen. Manch eine dieser prickelnden Gaumenfreuden steht einem guten Glas Champagner in nichts nach.

Die Vinothek lässt keine Wünsche offen. Über 140 Winzer aus dem gesamten Burgenland haben hier ihre Spitzenprodukte untergebracht. Sie brauchen natürlich nicht jetzt schon ein ausgesuchter Weinexperte zu sein, denn die erwarten Sie am Tresen und sind bereit, Ihnen mit Rat und Tat zur Seite zu stehen. Also beginnen Sie behutsam mit den umfangreichen Verkostungen roter und weißer Gaumenfreuden.

Aber wie gesagt: behutsam. Erstens sind Sie ja mit dem Auto unterwegs, und zweitens werden Sie auf der Reise mit uns auch noch viele Originalschauplätze besuchen, an denen die edlen Tropfen entstehen. Und glauben Sie uns, Sie werden unauslöschliche Erinnerungen von dort mit nach Hause nehmen. Und natürlich einige Kisten des guten Stoffes.

Übrigens wird die Begeisterung dafür auch noch, anders als bei so manchen »Souvenirs«, Hunderte von Kilometern entfernt anhalten, das garantieren wir Ihnen. Also erst mal kräftig durchatmen, die Ruhe und das erste Glas Winzersekt genießen und die Seele baumeln lassen. Ihre in diesem Fall, nicht die des Burgenländers. Vielleicht drehen Sie dann eine kurze Runde durch die Greißlerei, einen Laden im Laden, in dem Sie sich auch schon einen kleinen

Überblick darüber verschaffen können, was Sie die nächsten Tage an kulinarischen Köstlichkeiten so alles erwarten wird. Als Greißler bezeichnet man einen Kleinhändler, vergleichbar mit den bundesdeutschen Tante-Emma-Läden. Die immer seltenere Geschäftslokalform der Greißlerei wieder zu beleben und somit vor dem Aussterben zu bewahren, das haben sich immer mehr Prediger der burgenländischen Genussseele auf ihre bunten Fahnen geschrieben.

In der Greißlerei im *Weinwerk* finden Sie beispielsweise fast alles, was sich aus Obst und Gemüse auf Vorrat herstellen lässt. Marmeladen, Gelees, Säfte, Sirups, Liköre, aber auch so Exotisches wie Kürbisschmalz. Auch so seltsam Klingendes wie Mangaliza-Blunzn gibt es da. Sie wissen nicht, was das ist? Nun, Mangaliza ist ein ungarisches, besonders wohlschmeckendes Wollschwein, und als Blunzn wird in Österreich gemeinhin die Blutwurst bezeichnet.

Die ursprüngliche Intention des *Weinwerks* war aber, neben dem Wein, die Kultur. Dafür steht, gemeinsam mit dem Weinbauverein Neusiedl am See, der »Kulturverein Impulse«. Ursprünglich in den ausgehenden Achtzigerjahren von drei beherzten Kulturfreaks ins Leben gerufen, bietet der Verein mittlerweile alles, was dem Kunst- und Kulturinteressierten Freude und Entzücken ins Antlitz treibt. Und das nicht nur auf regionaler Ebene – was durchaus nicht als provinziell zu verstehen ist –, sondern mit Künstlern aller Art, die mit ihrer Arbeit die Grenzen der Heimat längst übersprungen haben. Bemerkenswert ist, dass solche Institutionen in Zeiten klammer Gemeindekassen überleben, was allerdings zu einem Gutteil den umtriebigen Vereinsmitgliedern zu verdanken ist, die permanent auf der Suche nach Sponsoren sind. Also, geneigter Leser und künftiger *Weinwerk*-Besucher, sponsern Sie, und wenn es nur durch das Eintrittsgeld zu einer der vielen künstlerisch hochwertigen Veranstaltungen ist.

Inzwischen ist bereits später Nachmittag, Sie haben sich mit den Betreibern der Vinothek verplaudert, bereits das ein oder andere »Achterl« verkostet und fühlen sich bei der Bestellung eines Blaufränkischen oder Zweigelt schon einigermaßen trittfest. Die Sonne schickt sich an unterzugehen, und die netten Menschen aus dem *Weinwerk* schicken Sie hinunter an den See. Augenzwinkernd. Wenn Sie einmal da sind, werden Sie schon wissen, warum sich der etwa halbstündige Fußmarsch in jedem Fall gelohnt hat. Verlaufen kann man sich in der etwas über 6500 Einwohner zählenden Gemeinde mit Sicherheit nicht.

Und dann ahnen Sie bereits, was auf Sie zukommt. Nein, nicht die hässliche Mehrzweckhalle zu Ihrer Linken, die sich Restaurant nennt und in der unser Zauberer aus der Geschichte vom Anfang dieses Kapitels immer noch sein Unwesen zu treiben scheint.

Nein, vor Ihnen am Ende des Steges liegt *sie*, die Mole West.

Tja, was soll man sagen? Wie soll man das beschreiben? Wenn *chillen* jemals in Holz, Stein und Glas gemeißelt wurde, dann hier. Aber erst einmal handelt es sich um eine Bar. Aber um was für eine! Zum Glück sind Sie vom *Weinwerk* noch rechtzeitig aufgebrochen und ergattern einen der wenigen Plätze direkt vorn am Wasser des Neusiedler Sees. Friedlich plätschert Europas größter Steppensee – na gut, der Plattensee im benachbarten Ungarn ist noch größer, aber das ist uns hier und jetzt egal – zu Ihren Füßen. Nach dem Weingenuss haben Sie natürlich wieder Hunger bekommen und lesen mit erhöhtem Speichelfluss am Gaumen etwas von Gänseleber-Blunzn (da ist sie schon wieder), von Tortelloni mit Salat von roten Rüben oder zartem Filet vom Zander mit grünen Linsen und Stangensellerie. Noch Fragen?

Als Einstieg in den Abend lassen Sie sich ein Glas Sauvignon Blanc oder Welschriesling bringen. Dann lehnen Sie sich zurück und genießen ein Naturschauspiel besonderer Güte. Der See wird vor Ihren Augen zu einem unendlich großen Ozean, das Farbenspiel wandert von Graublau über Violett zu Grellorange. Schöner kann es auf Capri auch nicht sein. Und jetzt? Spüren Sie es? Jetzt ist sie Ihnen zum ersten Mal so richtig nahe. Schließen Sie die Augen!

Nur für einen kleinen Augenblick. Ganz kurz, für einen Wimpernschlag nur, hat sie Sie zum ersten Mal berührt, die Genussseele des Burgenländers.

Wie heißt es in einem alten Sprichwort so schön: Essen und Trinken hält Leib und Seele zusammen. Also bestellen Sie, essen und trinken und vor allem genießen Sie. Und vergessen Sie nicht, eine nette Servierkraft nach einer nahe gelegenen Übernachtungsmöglichkeit zu fragen. Denn mit dem Auto fahren Sie heute ganz bestimmt nirgend mehr hin.

Zum Selbermachen 1

Uhudler Marmelade

Zutaten
1 kg Uhudler Weintrauben
10 ml Wasser
1 Zitrone (Saft)
1000 g Gelierzucker
1 Stamperl Uhudlertresterbrand

Weintrauben von den Stielen zupfen. In einem Topf Trauben und Wasser zum Kochen bringen. Unter ständigem Rühren ca. 5 Minuten köcheln lassen. Noch heiß durch eine Flotte Lotte drehen und dann auskühlen lassen.

Die kalte Traubenmasse mit Gelierzucker verrüh-
ren, erhitzen und ca. 3 Minuten sprudelnd
kochen lassen, öfter umrühren. Einmachglä-
ser mit Traubenbrand ausspülen und mit heißer
Marmelade füllen.
Die Uhudlermarmelade eignet sich nicht nur als
Brotaufstrich, sondern auch zum Backen oder
als pikante Ergänzung zu Käse.

Nun, das war ja schon mal nicht so schlecht für
den Einstieg, werden Sie denken, wenn Sie trotz
erhöhten Weingenusses mit erstaunlich leichtem
Kopf den ersten Sonnenstrahlen entgegenblinzeln.
Sie haben spätabends noch ein Zimmer gefunden,
noch dazu eines mit Blick auf den See. Das herrliche Farbenspiel von gestern Abend wiederholt sich
heute früh, nur dass jetzt alles in ein helles Blau
und Silber getaucht ist. Eine Schar Graugänse, deren
Flügelschlag Sie auf dem bereits sonnengewärm-
ten Balkon zu spüren glauben, dreht ab in Richtung Südosten, dahin, wo Teile des Seengebiets zum
Nationalpark erklärt wurden. Das Zimmer ist geräu-
mig und in mediterranem Stil gehalten, was, denken Sie, erstaunlicherweise trotzdem gut hierher-
passt. Oder ist das nur die Milde, die Sie erfasst,
wenn Sie vergeblich versuchen, das Südufer des Sees
zu erahnen?

Kennen Sie das? Diese Mischung aus Fernweh, die einen umfängt, wenn der Horizont nicht mehr erkennbar ist, weil die Farbe des Wassers mit der des Himmels eins wird, und aus dem wohligen Gefühl, an einem wunderbaren Flecken Erde zu sein? See und Schilf, so weit das Auge reicht. Und noch etwas schleicht sich in Ihr Gehirn. Sie versuchen es zu erforschen, saugen die Morgenluft tief ein, strecken die Arme von sich. Doch dieses Etwas in Ihnen wird immer stärker. Erfasst Ihren ganzen Körper. Lässt den Magen sanft erzittern. Der Kreislauf kommt behutsam in die Gänge. Zwei Störche scheinen den Graugänsen folgen zu wollen. Ein Schmetterling landet unruhig neben Ihren Fingern, die das Holzgeländer des Balkons umfassen. Dann endlich haben die Synapsen in Ihrem Gehirn die Information der Nase dem richtigen Ursprung zugeordnet. Kaffee! Frischer Kaffee!

Also ab unter die Dusche, anziehen, dann die knarrende Holztreppe hinunter. Ein lautes »Guten Morgen« entgegengenommen und ebenso fröhlich erwidert. Freundliche Gesichter beim Personal. Erwartungsfrohe bei den anderen Gästen, die natürlich nicht so lange wie Sie an der Mole zugebracht haben und dementsprechend schon marschklar den Tag in Angriff nehmen wollen. Manche finden es schick, bereits in ihren ganzkörperkondomähnlichen Radleranzügen am Frühstückstisch

44

zu sitzen. Aber sei's drum. Die Milde von vorhin ist ja noch nicht verflogen, und wer wird denn so spießig sein. Sie, in Ihrem weißen Leinenhemd, den ausgewaschenen Jeans oder dem hellen, leichten Sommerkleid, Espadrillos, die Sonnenbrille bereits lässig auf der Stirn, kommen sich jedenfalls ziemlich cool vor. Gut möglich, dass das die wenigen Vertreter der jüngeren Generation, denen man ansieht, dass es in Neusiedl am See auch noch so etwas wie ein Nachtleben geben muss, und die jetzt unter stummem Protest mit ihren Eltern am Frühstückstisch sitzen und an ihrem Butterkipferl (= Croissant) nagen, nicht so sehen.

Aber das stört uns nicht. Milde denken wir an unsere eigene Rebellenzeit. Daran, dass Urlaub mit Papa und Mama zu den Höchststrafen im Leben eines pubertierenden Teenagers gehört hat, dass alles, aber auch wirklich alles, und sei es die Übernachtung im Schlafsack unter freiem Himmel, geplagt von Gelsen (= Mücken oder Schnaken), vom Geruch einer nahen Kläranlage, dem Lärm der zehn Meter am unfreiwillig auserkorenen Schlafplatz vorbeirauschenden Autobahn, besser war, als in einem dieser wohlig weichen Betten, bei offenem Fenster, geschützt durch ein Moskitonetz, in unmittelbarer Nähe des parentalen Wachpersonals die Nacht verbringen zu müssen.

Nachdem die Generation Clearasil, immer noch unter stummem Protest, sich mit ihren bemüht fröhlichen Eltern auf die Suche nach dem wahren Urlaubsglück gemacht hat, die Radler ihre lustigen Schuhe angezogen haben, die den Hintern so in die Höhe drücken wie bei den Graureihern, die sich vermutlich bereits mit den eben im Nationalpark Seewinkel angekommenen Graugänsen bekannt gemacht haben, bleiben nur noch die jüngeren Paare mit ihren Kleinkindern zurück. Mit stoischer Gelassenheit werden die von den lieben Kleinsten treffsicher auf den Boden geknallten, weich gekochten Eier vom meist aus dem nur wenige Fahrminuten entfernten Ungarn stammenden Servierpersonal entfernt. Neu gebracht. Patsch, am Boden. Nochmals. Und abermals. Von den in die ungehemmte Entwicklung ihrer Kleinkinder in keinster Weise eingreifen wollenden Eltern mit einem entschuldigenden Grinsen quittiert.

Auch hier finden wir wieder eine Parallele zum Mediterranen. Kindern gegenüber, und seien sie auch noch so sehr aus der Produktionsserie »Monster«, empfindet der Burgenländer eine ungeheure Gelassenheit. Dort, wo der urbane Bohemien mit gerümpfter Nase längst das Weite sucht, wird es hier am sowohl sprichwörtlichen als auch tatsächlich flachen Land erst richtig lustig. Selbst bei Weinverkostungen, Kellergassenfesten oder kulturellen Veranstaltungen sorgt man für Bespaßung und Versorgung der mitunter gar nicht so lieben Kleinen.

Wer weiß? Vielleicht ist der Burgenländer vorausschauend und denkt bereits an den Kunden von morgen. Wie dem auch sei, hier zeigt sich die genüssliche Seele von ihrer gelassensten Seite. Gut so.

Endlich kehrt Ruhe ein in dem von Sonnenstrahlen durchfluteten Frühstücksraum, und während Sie Butter auf Ihre Semmel (so heißen überall in Österreich die Brötchen) schmieren – bereits die zweite, wir haben mitgezählt –, fällt Ihnen plötzlich ein, dass Sie vergessen haben, sich mit Sonnencreme einzureiben. Schutzfaktor 50. Mindestens. Denn auf eines ist Verlass im Burgenland: Wenn sie scheint, dann scheint sie. An über dreihundert Tagen im Jahr. Mit bis zu über acht Stunden pro Tag im Hochsommer. Und das tut gut. Den Menschen wohldosiert. Dem Wein volle Kanne!

Also daran denken. Nach dem Frühstück noch mal schnell auf die Tube gedrückt und eingerieben. Und bitte, lösen Sie jetzt Ihren Blick vom immer noch gut bestückten Frühstücksbuffet. Kein Butterkipferl mehr (österreichische Variante des Croissants). Nein, auch kein Müsli mehr, auch wenn es mit dem Biojoghurt und dem hausgemachten Honig besonders gut schmeckt. Und an Rührei mit Champignons und Tomaten und frischen Kräutern denken wir jetzt schon gar nicht mehr. Pfoten weg! Der Tag ist noch lang. Und Sie werden es spätestens mittags bereuen, nicht auf uns gehört zu haben.

Zum Selbermachen 2

Burgenländer Kipferl

Zutaten
400 g glattes Mehl
25 g Margarine
3 Eier
1/16 l Milch
Prise Salz
2 EL Zucker
1 Pkg Trockengerm (Trockenhefe)
3 Eiklar und 28 g Zucker über Dunst schlagen

Teig in zwei bis drei Teile teilen. Zu einem Rechteck ausrollen und mit Schneemasse bestreichen. Mit geriebenen Walnüssen dicht bestreichen. Eine Rolle formen (ähnlich einem Strudel). Mit Eigelb bestreichen. Mit einem Glas oder einem Krapfenstich Kipferl ausstechen. Bei Ober- und Unterhitze (180°) ca. 20 Minuten backen.

Wir verwerfen jetzt erst einmal sämtliche Reisepläne, sind wir doch gerade erst am Vortag am See angekommen, und beschließen, den Tag mit einem ausgiebigen Sonnenbad und einem Sprung ins kühle – na ja, ins Nass halt – zu beginnen. Eins der zahlreichen, weiß-blauen Fährboote bringt uns zum Strandbad unserer Wahl. Vom Oberdeck des Bootes aus sieht man, dass der See größtenteils von einem bis zu mehreren Kilometern breiten Schilfgürtel umgeben ist. Teilweise entstehen dadurch Seen im See. Kanäle ermöglichen den Fischern, den Schilfgürtel zu durchqueren. Mancherorts zeigen sich kleine Bootshütten, die durch verwinkelte Stege mit dem Festland verbunden sind. Einige können gar nur per Boot erreicht werden. Kleine Satellitenschüsseln auf den Dächern verraten, dass sich in den Hütten mehr abspielt, als nur die Wartung und Reparatur von Holzbooten. Von unserem Fährboot ahnen wir die ornithologische Artenvielfalt. Von den Fischen sehen wir nichts, das lässt der Steppensee mit seiner graubraunen Farbe nicht zu. Aber spätestens zu Mittag werden wir ein paar Unterwassergeheimnisse lüften.

Der Vormittag ist schnell vorbei. Kunststück. Nach dem langen gestrigen Abend sind Sie in Ihrer Liege eingeschlafen, von Ihrem Schmöker haben Sie gerade mal eine halbe Seite geschafft. Zum Glück hatten Sie tatsächlich eine Tube Sonnencreme mit stärkerem Schutzfaktor dabei und reihen sich abends nicht in die als Krebse verkleideten und daher leicht als Touristen zu identifizierenden nun endlich vor lauter Feuchtigkeitscreme speckig glänzenden Damen und Herren mittleren Alters ein, die vorsichtig darauf bedacht sind, dass keine nackte Haut mit den immer noch sehr warmen Plastikstühlen der Cafeteria in Berührung kommt. Denn da hilft kein noch so großer Eisbecher. Verbrannt ist verbrannt. Fürs Angeben zu Hause reicht's auch nicht, weil spätestens nach der Heimreise die Haut Blasen wirft, wie die Kruste von einem saftigen bayerischen Schweinsbraten.

OK. Das war jetzt gemein. Wissen wir. Aber so kann der Burgenländer halt auch sein. Wird er Ihnen zwar nie ins Gesicht sagen, aber ein bisserl freuen tut es ihn schon, wenn der etwas zu großspurig auftretende Gast aus dem Nachbarland die Sonne Pannoniens aufs Gröbste unterschätzt hat. Aber spätestens am Abend beim ersten Glas Spritzwein (ein Drittel Weißwein, zwei Drittel Mineral- oder Sodawasser = Sommerspritzer) ist dann auch wieder alles versöhnt.

Da der eingangs erwähnte Zauberer trotz eifrigster Bemühungen des burgenländischen Widerstandes mancherorts immer noch sein posthumes Unwesen treibt, ist bei der anstehenden mittäglichen Nahrungsaufnahme Vorsicht geboten. Aber Sie waren ja klug. Haben sich am Vorabend im *Weinwerk*, nachdem Sie mit den Betreibern auf Du angestoßen hatten, gleich nach den kulinarischen Gegebenheiten erkundigt und natürlich bereitwillig Auskunft erhalten. Denn Vorsicht ist immer noch geboten im Burgenland. Wie bereits erwähnt, ist es ein Land voller Gegensätze, und so liegen auch im Gastrobereich Himmel und Hölle oftmals Tür an Tür aufs Engste beisammen. Was von außen aussieht wie der lukullische Olymp, kann sich als Frittierölfalle ersten Grades erweisen. Was aussieht, als hätte der gesamte ehemalige Ostblock sein Resopalinventar an die Erben gastronomischer Siebzigerjahrecharmeure verscherbelt, kann sich als Hort kulinarischer Köstlichkeit entpuppen. Mit anderen Worten, die Verpackung sagt im Burgenland noch gar nichts über den Inhalt aus. Daher hilft nur: entweder experimentieren und schlimmstenfalls übertriebenen Knoblauchgeschmack, gepaart mit Altöl, durch Nippen an der am Vorabend in der Vinothek erstandenen Trebernbrandflasche (= Trester, also quasi burgenländischer Grappa) zu bekämpfen (schlechte Option!) oder eben der umfangreichen Information durch Ortskundige zu vertrauen, um unliebsame Überraschungen zu vermeiden (gute Option!).

Sie waren klug und befinden sich in einem Wirtshaus aus der Zeit des Spätmittelalters. Geschmackssicher eingerichtet. Der höfliche ungarische Kellner, die charmant lächelnde ungarische Kellnerin oder der Sohn, die Tochter des Hauses bringen Sie zu einem gemütlichen Holztisch im Hinterhof des Gebäudes. Schattig. Dort, wo das Gemäuer nicht vor der Mittagssonne schützt, riesige Sonnenschirme. Weißer Kies rauscht unter dem energischen Druck Ihrer Birkenstocksandalen. Sie finden sich in Ihren Khakishorts und dem T-Shirt mit der Aufschrift »Mann, was haben wir früher malocht« immer noch cool. Die Sonnenbrille ist von der Stirn bereits tiefer gerutscht, die Stirn trotz Sonnencreme etwas gerötet. Weißes Tischtuch, weiße Stoffservietten. Langstielige Gläser. Die Vegetation scheint tropisch. Ein krächzendes »Laura, schön« eines an eine Stange geketteten Papageis würde Sie jetzt nicht wirklich überraschen.

Die Speisekarte handgeschrieben. Hecht, Zander, Wels, Karpfen. Na bitte, die Könige des Neusiedler Sees grüßen. In Form von gebratenen Filets auf Safrannudeln oder als Schnitzel im Kohlblatt etwa der Waller (Wels), im Polentamantel der Zander. Die Entscheidung fällt schwer. Ein Gläschen erfrischender Uhudlerfrizzante (Erklärung folgt weiter unten) aus dem Südburgenland macht es nicht leichter, den Entscheidungsfindungsprozess jedoch deutlich angenehmer. Sie nehmen den Zander. Und danach Variationen von der Kardinalsschnitte. Oder doch ein Weintraubensorbet. Allerdings müssen Sie sich darauf gefasst machen, dass, egal wie lang Ihre Reise ins Burgenland auch ausfallen soll, Sie es niemals schaffen werden, sich durch die ganze reichhaltige

Speisekarte des Landes zu probieren. Also Augen zu. Kurz auf die langsam in Ihnen zu wachsen beginnende genüssliche Seele gehört und dann doch ein Apfeltiramisu bestellt.

Nachmittags wollen Sie nochmals zum See? In ein anderes Strandbad vielleicht? Gibt's ja reichlich und alle gut mit den Fährbooten erreichbar. Als gut vorbereiteter Burgenlandbesucher haben Sie nicht nur reichlich Haydn und Liszt auf Ihren iPod gepackt, sondern auch Zeitgenössisches. Die Liege schieben Sie vorsichtshalber unter ein paar Birken, lauschen der Musik, lassen noch einmal das Gespräch mit den Vinothekinhabern vom Vorabend Revue passieren, schlafen wieder ein (haben wir es doch etwas übertrieben, gestern?) und beginnen zu träumen.

Was hatten Sie gestern Abend noch mal heftig diskutiert? Ach ja: In Maßen genossen ist der Rebensaft durchaus gesundheitsfördernd. Weiß die Binse. »Na, so wirst ned oid«, dröhnt der Ostbahn-Kurti, ein in Wien lebender, aber über die Grenzen Österreichs hinaus bekannter musizierender »Burgenlandkrowod« (Burgenlandkroate), auf den wir später noch zu sprechen kommen werden, derweil aus ihrem iPod. Nein, so wirst du nicht alt, mahnt er. Und vielleicht spielt er damit auf das Verhältnis des Burgenländers zum Alkohol an, das nicht anders ist, als das aller Bewohner von Weinbauregionen. Alkohol gehört zum täglichen Leben wie der morgendliche

Gang zur Toilette oder das Anschauen der Frühabendnachrichten.

Und da sind wir schon beim Problem, hatte gestern Abend jemand eingeworfen. Genauso harmlos wird das Thema in der breiten Bevölkerung auch gesehen, sagte ein anderer. Langsam und der Reihe nach hatten Sie versucht, die erhitzten Diskutanten zu beruhigen. Wo kommt sie nun her, hatten Sie in die Runde geworfen, ahnend, dass diese Frage Ihnen ungeteilte Aufmerksamkeit zuteil werden lassen würde, wo wächst diese Medizin, der so viel Kraft, heilende und verheerende Wirkung zugleich innewohnt?

Da war es nur so herausgesprudelt aus den Weinexperten, und der Stolz, der in ihren Stimmen mitschwang, klang gar nicht arrogant in Ihren Ohren. Im Gegenteil, er riss Sie mit und ließ Sie jedes Mal beifällig nicken, wenn man Ihnen kurz ein Etikett unter die Nase hielt und gleich darauf etwas herrlich Duftendes in Ihr Glas plätscherte.

Die besten Rotweinlagen im nördlichen Burgenland finden sich an den westlichen Hängen des Neusiedler Sees, an den Ausläufern des Leithagebirges, wobei der Ausdruck Gebirge im Alpenland Österreich in diesem Zusammenhang eher zum Schmunzeln verleitet, denn die höchste Erhebung des Landes, der Geschriebenstein, ist gerade einmal 884 Meter hoch. Auch eine Gymnasiallehrerin hat sich nun zur Runde gesellt. Der Geschriebenstein verdankt sei

54

nen mystisch klingenden Namen allerlei Sagen, die sich dort abgespielt haben sollen.

Über nennenswerte Flüsse verfügt das Burgenland übrigens auch nicht. Können Oberösterreich, Niederösterreich und Wien mit der Donau prahlen, die Tiroler mit dem Inn, die Vorarlberger mit dem Rhein gar, die Salzburger mit der wilden Salzach, die Steirer mit Mur und Enns und die Kärntner wenigstens mit der Drau, so bleiben den Burgenländern vergleichsweise kleine Rinnsale namens Lafnitz, Wulka, Strem oder Pinka. Und ganz im Süden noch die Raab. Wikipediaprogramm beendet. Allerdings schaffen es auch diese Kleingewässer immer öfter, in den regenreichen Monaten zu reißenden Flüssen anzuschwellen. Ob daran der Klimawandel schuld ist oder ob es im Lauf der Zeit immer wieder solche Hochwasser gegeben hat, da gingen die Meinungen Ihrer fröhlichen neuen Bekanntschaften weit auseinander.

Aber eigentlich will sich vorerst niemand so recht mit derlei Dingen aufhalten, und man fährt – schließlich sind sie ja alle Jünger der genüsslichen Seele und haben somit eine Mission zu erfüllen – lieber mit dem wichtigsten Thema fort: Hauptverantwortlich für das Klima und damit für die Qualität des Weins im Nordburgenland ist natürlich der Neusiedler See, im Volksmund das »Meer der Wiener« genannt, was für Nichtbewohner der österreichischen Bundeshauptstadt allerdings irgendwie wie eine Drohung klingt. Nur mühsam wird der morbide Charme der frühen Siebzigerjahre in Fremdenverkehrsorten wie Neusiedl, Podersdorf, Rust oder Mörbisch durch aktuelle Akzente in der Architektur ersetzt. Doch auch hier bleibt man vor ibizablauen Einfamilienhäusern und anderen Scheußlichkeiten baumeisterlicher Entgleisungen nicht verschont.

Fängt man allerdings etwas an der Oberfläche zu kratzen an, sprich, begibt sich in die hinteren Gassen der landesüblichen Straßendörfer, entdeckt man beiderseits des Sees so manches bäuerliche Kleinod, das die Jahrhunderte überdauert hat und nun von betuchten Großstädtern peu à peu für immer noch relativ kleines Geld erworben und mehr oder weniger sanft renoviert wird. Sofern der ortsansässige Bürgermeister, oberste Bauinstanz in Österreichs Gemeinden, seinen Segen dazu gibt. Was nicht zwangsläufig sein muss, denn der »Zuagroaste« (= hoffnungsfroher Neubürger der Gemeinde) gehört erst mal auf Herz und Nieren geprüft. Ist er ein Roter (Sozi) oder ein Schwarzer (Anhänger der christdemokratischen Volkspartei) oder gar ein Kummerl (Kommunist), wie das bei Künstlern und Intellektuellen a priori vermutet wird (ein Generalverdacht, der sich quer durch die Republik zieht, der diese Spezies Mensch immer schon suspekt war)? Passt er in die politisch-moralische Vorstellung der örtlichen Mehrheitsbe-

völkerung, dann darf er gern zur Vermehrung der Ge-
meindesteuern beitragen. Andernfalls würden dem
jeweiligen Gemeinderat so viele Auflagen und Vor-
schriften einfallen, dass der dermaßen Schikanierte
entnervt das Weite suchte. Schau an, denken Sie. So
viel Selbstkritik bereits am ersten Abend hätten Sie
nicht erwartet.

Sie wachen kurz auf. Ein paar Kinder spielen über
Ihre Liege hinweg Ball. Die Mutter der Kleinen ruft
etwas, das Sie nur entfernt indogermanischen Wurzeln zuordnen würden. Sie schlafen wieder ein.

Weiter geht's in der durchaus unterhaltsamen Ein-
führungsstunde: Burgenländischer Wein für Erstse-
mestrige. In der Region Neusiedler See und Neusiedler See/Hügelland werden hauptsächlich die
Sorten Blauer Zweigelt, Blaufränkisch, Welschriesling und Pinot Blanc angebaut. Wie gesagt, hauptsächlich, denn die nordburgenländischen Winzer
sind allesamt höchst experimentierfreudig und er-
proben in spannenden Cuvées, was die Sand-Lehm-
böden des Anbaugebietes so alles hergeben. Übrigens – der Name »Ruster Ausbruch« lässt nicht etwa
auf eine dort ansässige Justizvollzugsanstalt schließen, sondern bezeichnet einen hervorragenden Süß-
wein, der aus natürlich eingetrockneten Weinbeeren
hergestellt wird. Namen wie Prieler, Beck, Gsell-
mann, Nittnaus, Achs oder Heinrich haben längst

die Grenzen der Heimat verlassen und erfreuen Kenner im gesamten deutschsprachigen Raum und darüber hinaus.

Aber das ist Ihnen ja als angehender Weinfachfrau und ambitioniertem Rebensaftdilettanten bereits bekannt. Alois Kracher hat mit seinen Süßweinen die internationale Welt der Weingenießer erobert und wird in den feinsten Häusern rund um den Globus kredenzt. Auffallend ist, dass immer mehr Frauen in die Männerdomäne der Weinkelterei einbrechen, was sicher auch der vormaligen *Weinakademie Burgenland*, seit 1991 unter dem Namen *Weinakademie Österreich* firmierende Weinbauschule, zu verdanken ist, die schon so manche Weinfachfrau hervorgebracht hat. Sitz dieser größten Einrichtung ihrer Art in Europa ist das idyllische Städtchen Rust. Hier kann man sich über Kurzseminare zum Thema *Wine & Food* – Sie merken, das Ganze ist international angelegt – bis zum ausgebildeten Weinakademiker hochtrinken, pardon hinaufverkosten natürlich.

Wer allerdings ernsthaft gedenkt, in das Winzereigeschäft einzusteigen, dem empfehlen wir die Weinbauschule Eisenstadt. Dort lernt man alles, aber auch wirklich alles über diesen Beruf. Und wenn man möchte, kann man das Ganze noch mit einem akademischen Abschluss an der Universität für Bodenkultur in Wien krönen. Neben Rust und Mörbisch lassen Ortsnamen wie Illmitz, Podersdorf, Gols, Apetlon oder Jois die Augen sehnsüchtig glänzen, den Speichelfluss des Connaisseurs aktiv werden.

Längst braucht man nicht mehr das alte Schreckgespenst vom Weinskandal auszugraben, obwohl auch Sie sicher in der Bundesrepublik Deutschland immer noch auf Ignoranten stoßen, deren Kenntnis des österreichischen Weins bei diesem so schicksalsträchtigen Ereignis endet. Doch es war diese Zäsur, die den kometenhaften Aufstieg des »Erdöls des Burgenlandes« bedingte. Der Weinskandal selbst war zwar kein österreichisches Spezifikum, und anders als in südlichen Nachbarländern ist nach dem Genuss von gepanschtem Wein hierzulande niemand ums Leben gekommen (zumindest nicht in dieser geschlossenen Kausalkette). Trotzdem bedeutet er so etwas wie die Geburtsstunde des neuen österreichischen Weins. Heute kommt in Deutschland kein Restaurant der gehobenen Klasse mehr ohne Weine aus Österreich aus.

Klar, dort, wo die Kenntnis des Weintrinkers gerade einmal für Chianti oder Pinot Grigio reicht, können die Finessen von Zweigelt, Blaufränkisch oder Welschriesling kaum auf fruchtbaren Boden fallen. Was soll's. Es gibt aufgrund der Größe oder besser der Kleinheit des Landes ohnehin nicht genug guten Wein für alle, und die Industrieplörren aus den Nachbarländern muss schließlich auch wer trinken.

So, das musste mal gesagt werden.

Kleines Zwischenglossar:
Die Maßeinheiten beim Wein sind das »Vierterl«,
also 0,25 l und das »Achterl«, 0,125 l. Den »Spritzer«
trinkt man als »Vierterl«. Der Österreicher hängt den
Gebinden, in denen Alkohol serviert wird, gern ein
»erl« an. Ein »Flascherl Wein« etwa, oder ein »Gla-
serl«, auch ein »Puderl« für den Schnaps kennt man,
den der Österreicher dann gern aus einem »Stamperl« trinkt. Nur der Doppelliter in seiner ganzen
Wucht ist der »Doppler« geblieben. Würde ja auch
irgendwie blöd klingen: »Dopplerl«.

Die Ostbahn-Kurti-CD ist längst aus. Sie wachen
auf. Schweißperlen auf der Stirn. Insgeheim hoffen Sie für sich und alle um Sie herumliegenden
Badegäste, dass Sie Ihren Mittagsschlaf einigermaßen
in Anstand und Würde über die Runden gebracht
haben. Sie versuchen, das eben im Traum Gelernte
zu rekapitulieren.
    Mittlerweile hat auch Ihr Bauch trotz Schatten
und Sonnencreme eine ansehnliche Farbe bekommen. Wind ist aufgekommen, und auf dem See flit-
zen bunte Dreiecke in affenartiger Geschwindigkeit
hin und her. Auszuleihen gibt's die Dinger an jeder
Ecke. Aber wenn Sie mehr so der Typ »Tretboot«
sind, wird Ihnen auch gern geholfen. Muss nicht
sein? Ihr Buch reicht Ihnen? Oder einfach nur der
Blick auf den See. Und die Hügelkette gegenüber.

Da, wo der herrliche Wein wächst? Da, wo der heutige Tag beschlossen werden soll?

Vielleicht doch noch ein Sprung in den See und danach nur so ein kurzer informativer Blick in die Kuchenvitrine der kleinen Konditorei links hinter Ihnen? Kann ja nicht schaden. Über gepflegten Rasen gelangen Sie ans Wasser. Badeschuhe empfehlen sich, da man nie sicher sein kann, ob man tatsächlich nur auf feinen Sand oder Schlamm steigt. Denn steigen müssen Sie in jedem Fall, da der See im Durchschnitt nur einen Meter tief ist. Na ja, und erfrischend ist ja bekanntlich relativ. Sie beschließen, sich am Abend im Pool Ihres Hotels abzukühlen.

Jetzt legen Sie sich erst einmal auf den Rücken und genießen das herrliche Panorama. Löffelreiher über Ihnen, die Windsurfer und Segler zum Glück in der Mitte des Gewässers, wo die Freiheit grenzenlos scheint und der Wind bläst, als wolle er den ganzen See wegpusten. Nur ein Wamperter, also ein einen ziemlichen Ranzen vor sich hertragender, mittelalterlicher Herr in einem knallroten – ja, wie soll man das nennen? Stringtanga? Wo gibt's das eigentlich noch zu kaufen? Na gut, seien wir gnädig, dieser tiefgebräunte Herr jedenfalls kommt Ihnen bei seinem Versuch, das Surfbrett zu besteigen, das Segel aus dem Wasser zu ziehen, dabei in Rückenlage fallend, Seil auslassend, heftigst mit den Armen rudernd, daraufhin ins Wasser platschend, prustend wieder auftauchend, gefährlich nahe. Sie selbst beschließen augenblicklich, Ihre eigene späte Karriere als schnittiger Surfer, noch bevor sie begonnen hat, an den Nagel zu hängen, ziehen die Tretbootvariante nochmals in Erwägung, verwerfen sie wieder, kehren an Land zurück und machen sich gemächlichen Schrittes auf in Richtung Kuchenbuffet.

Den Rest des Tages am Strand lassen Sie unspektakulär ausklingen. Kurz nicken Sie nochmals ein, bis sich ein Federball die Krempe Ihres Strohhutes als Landeplatz aussucht. Dann machen Sie sich auf in Richtung Bootsanlegestelle und warten mit den Bikern, den immer noch stumm protestierenden Teenagern und den Jungeltern, die zur Freude der wartenden Passagiere noch schnell an der Mole vor aller Augen (und Nasen) ihre Kleinkinder wickeln, um gleich darauf Windel samt Inhalt in einem von gierigen Fliegen umkreisten Mülleimer zu entsorgen, auf das schon von Weitem sichtbare Fährschiff.

An der gegenüberliegenden Seite des Sees in Breitenbrunn angekommen, gehen Sie ein Stück zu Fuß. Zögerlich erst. Aber da Sie bisher ja ohnedies nur in der Sonne gefaulenzt haben, ist der kurze Fußmarsch schon in Ordnung. Die Sonne steht auch schon tiefer. Die Mücken beginnen ihren Tanz. Der von der Hitze fast aufgeweichte Asphalt riecht vertraut, und Sie erreichen die Weinberge mit den ersten Kellern und Gastwirtschaften.

Noch ist das Land einigermaßen flach, erst im oberen Teil der Weingärten, da, wo sich die besonders guten Lagen befinden, wird es etwas anstrengender. Endlich, ein Wirtshaus. Kurzes Studium der Speisekarte. Nicht ganz so spektakulär wie zu Mittag. Ein Achterl Pinot Blanc. Der Appetit wird stärker. Sehr stark sogar. Die Wahl fällt – wir sind schließlich in Österreich – auf ein klassisches Wiener Schnitzel. Mit Kartoffel-Gurkensalat. Die Kartoffeln handwarm. Die Vinaigrette unaufdringlich. Balsamico aus heimischer Erzeugung. Die Kellnerin stellt unaufgefordert ein kleines Schüsselchen Preiselbeeren dazu. Noch ein Glas Weißwein. Diesmal einen kräftigeren Riesling. Danach eine Palatschinke mit hausgemachter Marillenmarmelade und Vanilleeis. Auch das, zur richtigen Zeit am richtigen Ort – sprich beim richtigen Wirt –, kann ziemlich Spaß machen. Und dem ungarischen Zigeunertrio spenden wir zehn Euro in der Hoffnung, dass es aufhört, Hackbrett, Violine und Kontrabass zu malträtieren.

Wer's gern etwas feiner hat, der besucht eines der sich zum Glück kontinuierlich vermehrenden Feinschmecker- und Haubenrestaurants der Region. Die Haube ist übrigens das Pendant zum Stern in der bundesdeutschen Gastronomie. Für den kulinarischen Feinspitz sei zuallererst *Eselböcks Taubenkobel* in Schützen am Gebirge, wo der Autodidakt Walter Eselböck Sensationelles aus der Region auf den Tisch zaubert, genannt. Seine Gattin Evelyne gilt als eine der profiliertesten Weinkennerinnen des Landes.

Sollte man Lust haben, die Mörbischer Festspiele zu besuchen, was wir zu gegebener Zeit noch etwas ausführlicher erörtern werden und was allein schon wegen der imposanten Kulisse des Sees zu empfehlen ist, wenn man also Operette mag, dann sollte man unbedingt vor Beginn der Vorstellung noch beim Reisinger vorbeischauen. Direkt in der Festspiel-arena können Sie im eher großstädtisch wirkenden Ambiente Köstlichkeiten wie »Tatar vom Kalbsfilet und Hummer«, »Kalbsbries und Garnele« oder einen »Zander im Speck auf Linsentatar« probieren. Zum Dessert sei das »Basilikum-Tiramisu« empfohlen.

Der derzeitige Intendant der Mörbischer Seefest-spiele, Harald Serafin, dessen »wunderbarrrrrr« zu seinem unverkennbaren Markenzeichen wurde, ver-steht es wie kein anderer, österreichische Operet-tenseligkeit zu perpetuieren, und wer es romantisch findet, im milden pannonischen Klima Rainhard Fendrich – auf den Spuren Peter Alexanders wan-delnd – beim Singen von »Im Salzkammergut, da kamma gut lustig sein« zuzuhören, der wird in Mör-bisch bestens bedient. Und spätestens beim Abfeu-ern eines spektakulären Feuerwerks hat man dann auch die Schlacht gegen die unzähligen Stechmücken gewonnen und kann sich, angefüllt mit Kitsch und Frohsinn, gestärkt nun getrost wieder der schnöden, harten Realität stellen. Davor muss man aber noch geduldig mit einigen Tausend anderen Autofahrern versuchen, einigermaßen gesittet den hoffnungslos überfüllten Parkplatz zu verlassen. Aber das wäre bei den Stones oder Werder gegen FC Bayern auch nicht anders.

Wer es also kulinarisch gehobener mag, der kommt hier bestens auf seine Kosten.

Auch am Ausgangsort des heutigen Tages befindet sich ein Kleinod für Genussjünger. Das *Nyikospark* in Neusiedl ist ein ehemaliges Offizierscasino. Was wohl die Herren Leutnants der kaiserlich-königlich österreichisch-ungarischen Armee seinerzeit zu lauwarmem Kalbskopf auf pochierter Auster gesagt hätten? Oder zu Jakobsmuscheln und Scheiterhaufen? Vermutlich hätten sie sich genüsslich die langen Schnurrbärte gezwirbelt, waren sie doch ein bunter Haufen aus allen Ländern der Habsburgermonarchie. Aus Oberitalien, Kroatien und Polen. Aus Rumänien und der Tschechei. Aus der Ukraine und Serbien. Wahrscheinlich wäre ein lustiges Sprachgemisch zu hören gewesen, wenn ein Graurindtatar mit Portulak, einem Blattgemüse, bestellt worden wäre. Und erst bei der paprizierten Fischsuppe mit Tarhonya, ungarischen Eiergraupen. Dabei wäre man da erst

bei den Vorspeisen gewesen. Wer hätte einem Neu-
siedlerseezander und Pulpo-Couscous widerstehen
können? Wer dem rosa Stierrücken mit Kukuruz-
tascherln (Kukuruz = Mais) oder dem Paprika-Perl-
huhn und Mangaliza-Topfen-Haluska? Mangaliza,
Sie erinnern sich, ist eine Schweinerasse, Topfen bedeutet Quark, und Haluska ist eine Art Teigtasche.
Spätestens bei Maroni-Knöderln im Walnusskrokant
und eingelegten Zwetschken (man beachte: im Österreichischen wird das g durch ein k ersetzt) und
beim Parfait vom Orangen-Punsch mit knusprigen
Mohnstangerln hätte die kaiserlich-königliche Armee die weiße Fahne geschwungen und sich ohne
Widerstand dem Genuss ergeben. Oder sie wäre ins
300 Jahre alte Kellergewölbe gestürmt, um zu sehen,
was es noch an trinkbaren Kostbarkeiten zu erbeuten
gegeben hätte. Ja, so hätte es sein können, wenn vor
über hundert Jahren bereits der Haubenkoch Sascha
Huber das Regiment im *Nyikospark* geführt hätte.

Wenn man möchte, kann man im nördlichen Burgenland den wahren Weinphilosophen begegnen.
Den Hohepriestern unserer burgenländischen Genussseele sozusagen. Und damit meinen die Autoren nicht die, die nach reichlichem Genuss weißer
oder roter Lebensfreude diese Freude tiefgründig mit
schwerer Zunge zum Ausdruck zu bringen versuchen. Sondern ebenjene, die für diese Lebensfreude

verantwortlich sind. Im schönen Städtchen Rust wird man nicht nur auf Schritt und Tritt vom »Winzerkönig« (sollten Sie die Fernsehserie nicht kennen, spätestens nach Ihrem Aufenthalt in Rust hat sich das geändert) verfolgt, nein, hinter den Fassaden der schmucken Häuser finden sich wahre Schätze önologischer Natur.

Ein echter Schöngeist seines Faches ist der ehemalige Haubenkoch Erich Giefing, um nur einen, stellvertretend für die vielen anderen, etwas näher zu betrachten. Ein schwerer Autounfall hat sein Leben grundlegend verändert. Wenn man sich das Vergnügen gönnt, eine Weinprobe bei ihm zu absolvieren, ahnt man – vielleicht – was hinter dem Geheimnis eines guten Glases Wein steckt. Apropos gutes Glas Wein. Wegen der ewigen Frage der Laufkundschaft, ob er einen guten Rotwein hätte, hat der Winzer einfach eines seiner Produkte »guter Rotwein« genannt. Nicht jeder versteht das Augenzwinkern, aber das muss ja auch nicht sein.

Da der Magen nach der Konsumation üppiger Kost, der man hier nun mal partout nicht auskommt, gern etwas übersäuert, hat man im Hause Giefing einen Trinkessig entwickelt, der, an einen fruchtigen Likör erinnernd und bereits zum Frühstück genossen, Magen und Darmflora aufs Beste für den kommenden Tag präpariert. Sollten Sie das Glück haben und eines der wenigen Zimmer, die die Familie Giefing vermietet, ergattern, greifen Sie unbedingt zu. Wenn der Ausdruck »Seele baumeln lassen« jemals seine Berechtigung hatte, dann hier im Innenhof des viele Hundert Jahre alten Bauernhauses, in dem Sie an einem sonnigen Maimorgen oder Junimorgen oder ..., ganz gleich, hier scheint sich die Sonne ohnedies auf ewig zu verschwenden, den Tag beginnen.

Sie haben das herrliche Frühstück genossen. Natürlich viel zu viel, denn der Erich, wie er sich Ihnen bei Ihrer Ankunft vorgestellt hat, hat am Vorabend nicht lockergelassen und bei der Weinverkostung bereits herausgefunden, was Ihre speziellen Vorlieben nach einer ruhigen, langen Nacht in den kühlenden Steinmauern sind.

Egal was Sie, schon etwas beduselt von den önologischen Köstlichkeiten des Hauses, erwähnten, der Erich hat es notiert. Und wenn es nicht gerade Spiegelei von frisch gelegten Straußeneiern war, finden Sie es garantiert auf Ihrem Frühstückstisch. Obwohl, nicht mal bei den Straußeneiern wären wir uns sicher. Ein Glas Winzersekt vielleicht? Na ja, man ist im Urlaub und hat sowieso nichts weiter vor, außer vielleicht zu testen, ob der Neusiedler See je nach Jahreszeit warm genug zum Schwimmen ist. Beruhigend plätschert das Wasser in das Steinbecken des hauseigenen Brunnens. Sie lesen endlich ein paar Seiten im »Ulysses« oder im »Mann ohne Eigenschaften«. Oder sonst einen Schmöker, den Sie bisher immer nach Seite zehn weggelegt haben. Spätestens.

Urlaub im Burgenland erlaubt, sich schwerer Kost zu widmen, was hier ausnahmsweise einmal nicht lukullisch gemeint ist. »Krieg und Frieden«, »Anna Karenina«. Wie oft haben Sie mit diesen Büchern schon begonnen? Wie oft sind Sie bei Seite zehn bereits wieder ausgestiegen? Wenn schon, denken Sie und betrachten die vielen, zum Teil exotischen, zum Teil heimischen Büsche und Sträucher, die dem schmalen, sich bis ans hintere Ende des Gebäudekomplexes durchziehenden Innenhof etwas ausgesprochen Mediterranes verleihen.

Sie ziehen den würzigen, sich schon am frühen Morgen entfaltenden Duft nach Honig, Vanille und Rosmarin durch die Nase. Plötzlich hören Sie ein Geräusch über sich. Es knattert wie ein Maschinengewehr, nur etwas sanfter, hölzerner. Da, schon wieder, und dann zieht ein Schatten über den Hof, begleitet von einem Rauschen, als würde ein Paragleiter zur Landung ansetzen. Doch der Paragleiter ist schwarzweiß gefiedert, landet in einem der vielen Strohnester auf einem der nicht mehr benutzten Schornsteine, klappert mit dem Schnabel und blickt um sich, als suchte er in der Ferne nach dem erlösenden *Mutabor*. Doch vielleicht ist er auch ohne das Zauberwort ganz zufrieden.

Sie sind es jedenfalls bestimmt. Haben das Buch endgültig zur Seite gelegt. Die bereitliegende Tageszeitung zur Hand genommen. Sich kurz über die Lokalnachrichten amüsiert, beschlossen, weder Wirtschafts- noch Politikteil anzurühren und auch sonst den Herrgott einen guten Mann sein zu lassen, wie man so schön sagt. Kurzum, Sie sind mit sich und der Welt im Reinen, freuen sich auf einen Tag voll des labenden Müßiggangs in diesem buddhistischen Tempel pannonischer Prägung, einen Tag der Ruhe und Ausgeglichenheit. Machen die Augen zu und dösen noch ein wenig in der Morgensonne.

Unser Tipp unter Genießern: Besuchen Sie die Gegend um den See außerhalb der Sommermonate Juli und August. Zum einen, weil die Hitze sich in diesen beiden Monaten aufschwingt, der Sahara Konkurrenz zu machen, zum anderen, weil da in Österreich Schulferien sind und auch der Einheimische die Vorzüge von Landschaft, Küche und Keller und natürlich das Bad im großen See sehr zu schätzen weiß. Die Gelsen, wie hier die Stechmücken oder Schnaken genannt werden, schätzen wiederum die Vorzüge der vielen Menschen, die, leicht bekleidet, schwitzend versuchen, eine freie Liege am Strand oder einen Platz im schattigen Garten der zahlreichen Buschenschanken (das sind Weinkellereien mit Ausschankgenehmigung, wie wir vergessen haben zu erläutern, denen wir uns aber weiter unten, wenn wir ins Südburgenland weitergereist sind, ausführlicher widmen werden) zu ergattern. Ab Ende April bis Ende Juni gehört Ihnen das alles zwar auch nicht ganz allein, aber es geht wesentlich entspannter zu als in der Hauptsaison – no, na (= was denn sonst).

Ab September beginnen die Vorbereitungen zur bevorstehenden Weinlese. Kleinere Familienbetriebe nehmen gern helfende Hände auf, und es gibt nichts Schöneres, als abends nach getaner Arbeit erschöpft, aber zufrieden in der gemütlichen Wohnküche oder im Kellerstöckl – so nennt man die Gebäude, die über den in den Hang getriebenen Weinkellern errichtet wurden und in denen sich früher ein Wirtschaftsraum und vor allem die große Weinpresse mit dem meist drei bis vier Meter langen und mit allerlei Schnitzereien verzierten Pressbalken befanden – mit vom Traubensaft klebrigen Fingern deftige Bauernkost und Wein vom Vorjahr zu sich zu nehmen. Der Geruch von Schweiß, feuchtem Gras, Gebackenem, Gebratenem und von Rauch aus dem mit Holz befeuerten Ofen hängt im Raum.

Abends wird es schon kühl, und man kann nicht mehr, wie sonst üblich, die Mahlzeiten im Freien zu sich nehmen. Aber bis es so weit ist, heißt es mit der frisch geschliffenen Weinschere in gebückter Haltung die tiefblauen oder dunkelgelben Trauben vom Stock zu schneiden, Butte um Butte zu füllen und damit die zum Teil steilen Hänge hinab-, und mit der leeren Butte wieder hochzusteigen. Bei den größeren Bauern werden die Butten von kleinen Traktoren transportiert, aber wir befinden uns ja als freiwillige Helfer bei einem mittleren Familienbetrieb. Alle helfen mit, und alle wissen, dass schon bald der herrliche Most in der Gärung blubbert, den Bauern ein Auskommen gesichert ist und ein Beitrag zum Erhalt dieser wichtigen Kultur geleistet wurde. Na ja, vielleicht nicht ganz so pathetisch. Aber Spaß macht's in jedem Fall.

Eine besonders anstrengende Variante der Weinlese ist die Überkopfernte der Trauben, und zwar dann, wenn der Wein sich statt auf einem Hang am Stock auf einer Hecke zwar auf ebener Fläche, aber eben zwei bis zweieinhalb Meter über dem Boden befindet. Die Triebe werden zu diesem Zweck an Stangen hoch zu einem Drahtgeflecht geführt, wo sie zu einem Dach aus Weinblättern auswachsen.

Die Trauben werden in großen Plastikbottichen gesammelt und dann, je nach Winzer, zum Kellerstöckl oder in die Kellerei beim Bauernhaus gebracht. Dort helfen dann die »raiffeisengesponserten« Landmaschinen, die Trauben zu »rebeln«, also vom Holz zu befreien, und zu maischen, das heißt zu zermanschen, um sie dann mittels Reinzuchthefe zum Gären zu bringen. Dieser Gärungsprozess dauert etwa zehn bis vierzehn Tage. Der angegärte Most

heißt in Österreich Sturm, in Deutschland Feder-
weißer und ist ein gar gefährlich Getränk, da er sich
wie Traubensaft trinkt, trotzdem aber schon einiges an Alkohol enthält. Die Autoren wissen dies aus
leidvoller Erfahrung, haben sie doch in jungen Jahren nach reichlichem Genuss von Sturm nicht nur
das Essen der letzten Tage wieder von sich gegeben,
sondern auch mehrere Tage das Bett hüten müssen,
was möglicherweise daran lag, dass der Weinskandal
damals noch nicht stattgefunden hatte und gewiefte
Weinbauern in jenen Tagen mit allerlei chemischen
Zusätzen experimentierten, um den Sturm, dessen
Haltbarkeit naturgemäß begrenzt ist, so lange zu erhalten, bis der letzte Tropfen an den Mann, die Frau
oder in unserem Fall den gerade mündig geworde-
nen Jugendlichen gebracht worden war.

Heute können Sie Sturm bedenkenlos trinken,
wo immer er Ihnen angeboten wird. Auch dies ein
erfreulich positiver Aspekt des Weinskandals. Sehr zu
empfehlen ist übrigens Uhudlersturm mit gebratenen Kastanien. In einem Buschenschank. Im Herbst.
Im Südburgenland.

Verlässt man das nördliche Burgenland, Rust im
Rücken, Eisenstadt voraus, passiert man den Römersteinbruch St. Margarethen. Der Steinbruch ist heute
noch in Betrieb. In ihm wird Sandstein abgebaut,
der auch für den Bau des Wiener Stephansdoms ver-

wendet wurde. Der berühmte Bildhauer Karl Prantl rief hier die Bildhauersymposien ins Leben, die sich auch international etablierten. Zahlreiche Skulpturen im Steinbruch sind ein lebhafter Beweis dieser bildendsten aller Künste. Seit 1996 finden im Steinbruch Opernfestspiele statt. Von Nabucco bis Aida, von La Traviata bis Rigoletto und Otello. Erinnert etwas an Verona, aber das passt ja auch irgendwie. Klimatisch im Hochsommer zumindest.

In der Ferne können Sie bereits das schönbrunngelbe Schloss Esterházy sehen. Aber bevor Sie sich der malerischen, sanft an die Ausläufer des Leithagebirges geschmiegten, etwa 12 000 (sic!) Einwohner zählenden Metropole des Burgenlandes nähern, müssen Sie sich Ihren Weg noch durch die wie Pickel im Antlitz einer schönen Maid oder eines Jünglings wuchernden Schuh-, Lebensmittel-, Möbel- und Kosmetikdiscounter bahnen. Urbanität suggerierend, haben sie es über Jahre geschafft, dem örtlichen Kleingewerbe in diesem Bereich den Garaus zu machen. Andererseits sollte man das Ganze auch positiv sehen, denn im Schatten dieser Konsumöde haben sich wieder Bauernläden, Bäcker und Metzger, die auf Regionales spezialisiert sind, und auch Handwerker entwickelt, die die etwas individuellere Klientel aus nah und fern bedienen. Parallelen zum Weinskandal tun sich auf, und der hat ja, wie man weiß, dem ganzen Winzergewerbe letztendlich sehr genützt. Gern nisten sich in der Nachbarschaft dieser Konsumparks noch Fastfoodketten und Discounttankstellen ein, und eines darf natürlich auch nicht fehlen, der immer beliebter werdende Kreisverkehr.

Wenn Sie es endlich geschafft haben, die richtige Ausfahrt zu erwischen, werden Sie auf Umwegen ins Zentrum der burgenländischen Hauptstadt geleitet. Wobei Zentrum etwas übertrieben ist, aber das sehen Sie selbst. Ein Besuch des Schlosses lohnt in jedem Fall, sodass wir mit Ihnen nochmals an diesen Ort zurückkehren werden.

Kommen wir nun ins Mittelburgenland. Landschaftlich ist es hauptsächlich durch reichlich Gegend geprägt, nur unterbrochen von weithin sichtbaren, kathedralengleichen Genossenschaftssilos – der bestimmenden Architektur agrarischer Landstriche. Hier ist vor allem die Rebsorte Blaufränkisch beheimatet. Warmer Wind aus der pannonischen Tiefebene lässt dieses kleine Wunder entstehen. Der Blaufränkische ist im Grunde genommen kein Wein mehr, sondern eine Philosophie. Die Philosophen tragen Namen wie Artner, Kirnbauer, Heinrich oder Kerschbaum, um nur einige zu nennen. Den Namen Blaufränkisch hat der Wein übrigens von der 1873 in Wien gegründeten ampelografischen Kommission erhalten. Die hat wiederum nichts mit dem

Straßenverkehr zu tun, sondern geht auf das griechische Wort »ampelos«, was so viel wie Weinstock bedeutet, zurück.

Wir werden auch diesem Landesteil an späterer Stelle noch einmal begegnen. Im Übrigen ist man nach einigen Kilometern Autofahrt ohnedies schon im Südburgenland angekommen.

Hier stehen sie nun, die großen, mächtigen Burgen wie Güssing, Lockenhaus oder Schlaining. Aber bevor Sie das Südburgenland zu entdecken beginnen, sollten Sie in einem der zahllosen Straßendörfer haltmachen. Am besten an einem Sonntagnachmittag. Im Hochsommer. Nichts, aber auch absolut gar nichts rührt sich auf der Straße und den Bürgersteigen. Stille, wohin man lauscht. Kein Opa im Blaumann, keine Oma im schwarzen Kittel, das alte klapprige Fahrrad nach Hause schiebend, behängt mit Tüten von Hofer (= Aldi), Penny oder Billa. Absolute Stille. Die der Straße zugewandten Fenster der meist eingeschossigen Häuser fest durch schmutzig graue Kunststoffjalousien verriegelt, die Hitze abhaltend einerseits, vor Feinden, also Fremden schützend andererseits, wirken wie die geschlossenen Augen eines friedlich nach Frühschoppen und anschließendem reichhaltigen Sonntagsmahl – erraten: Schwein – im Nachmittagsschläfchen versunkenen Prototypus pannoniensis. Auch die großen, schweren Flügeltore, die in die ob der üppigen Vegetation fast dschungelähnlichen Hinterhöfe führen, sind fest verschlossen. Ruhe, Stille, als wäre der Ort ausgestorben.

Sie kommen sich plötzlich schäbig vor, weil Sie die Ruhe durch den Motorenlärm Ihres Fahrzeuges und das Schlagen der Autotüren aufs Empfindlichste stören. Ein Eindringling in das Biotop des Nichts. Ein Störenfried in einer Oase der stillstehenden Zeit. Doch halt. Was ist das? Was hören Sie da plötzlich für ein Geräusch? Langsam, behutsam, um nur ja niemanden hinter den dornigen Rosenhecken zu wecken, machen Sie sich vorsichtigen Schrittes auf die Suche nach dem Ursprung dieses Zeichens von menschlichem Leben. Sie sind aufs Äußerste angespannt und spüren den Wunsch nach so etwas wie Schutz. Sie drücken sich an die Mauer der Straßenfront. Vorsichtig von Schatten zu Schatten, einer Katze gleich, gleiten Sie in Richtung einer überdimensionalen Eistüte. Ocker die Tüte, himbeerrot die Eiskugel. Weiße Flecken verraten den Kunststoffuntergrund. Das Geräusch wird stärker. Ängstlich blicken Sie immer wieder über die Schulter, ob Ihnen auch ja niemand folgt.

Ein Gefühl von Indiana Jones erwacht in Ihnen. Oder wenigstens Winnetou. Jetzt eine Waffe. Ein langes Messer. Pfeil und Bogen. Eine Lederpeitsche. Noch einmal ein rascher Blick zurück. Da war doch was? Der Asphalt der Dorfstraße spiegelt sich, als würde er sich jeden Moment in einen Bach verwandeln. Schweiß tropft Ihnen in Nacken und Augen. Der Puls rast. Gnadenlose Fliegen versuchen, auf Ihrer Nasenspitze zu landen. Die Nerven sind gespannt wie Drahtseile. Was ist hier geschehen? Haben Aliens die Bewohner des Dorfes plattgemacht? Oder hat sie allesamt eine Seuche dahingerafft? Liegen sie gar bereits modernd in ihren Häusern? Das Geräusch kommt näher. Es ist ...?

Die Adrenalinausschüttung erreicht ihren Höhepunkt. Schweißbäche strömen zum Rand Ihrer Unterwäsche. Da – eine Glastür. Links von der Rieseneistüte. Haben Sie da nicht etwas huschen sehen? Eine Gestalt. Die schier unerträgliche Hitze lässt Sie an eine Sinnestäuschung denken. Eine südburgenländische Fata Morgana. Ihre Hand zittert, als Sie die Klinke der Glastür berühren. Heiß, sauheiß, denken Sie. Doch dann geben Sie sich einen Ruck. Öffnen die Tür. Und?

»Brown Girl in the Ring« schallt es vom Hinterhof her, wo die Dorfjugend auf Permanentbalz der Eroberung vom vornächtlichen Zeltfest zu imponieren versucht. Die Kippe lässig im Mundwinkel, die Halbe Bier oder einen Campari-Orange vor sich, so läuft der Schmäh. Sie wischen sich den Schweiß von der Stirn, suchen sich einen schattigen Platz und wippen unauffällig zu »*Rivers of Babylon*«, während Sie auf Ihrem weiß-grünen Plastikstuhl im grauen Schotter versinken. Mittlerweile ertönt »Torneró« von Drupi, oder war es I Santo California? Egal.

Während Sie die umfangreiche Speisekarte studieren, die der stets freundlich lächelnde Chef des Hauses eilig herbeigebracht hat, der nun den ebenfalls weiß-grünen Plastiktisch vor Ihnen a) mittels Bierdeckel wieder in eine einigermaßen stabile Lage zu bringen versucht und ihn b) von einem vor Kippen berstenden Aschenbecher, leeren Kaffeetassen und Colagläsern befreit, bevölkert nach und nach immer mehr Dorfjugend, ergänzt durch die vom Mittagsschlaf erwachten älteren Semester, das idyllische Gärtlein. Entspannen Sie sich, es kennt Sie hier eh keiner, und bestellen Sie sich beim freundlichen Konditor den herrlichsten Eisbecher Ihres Lebens. Grüner Apfel, Szomlauer Nockerl, Uhudler, Waldmeister. Den Geschmacksrichtungen sind keine Grenzen gesetzt. Und weil die Mischung Maroni-Erdbeere Sie auch noch anlacht, bestellen Sie gleich noch einen Becher. Nur zu. Wie gesagt, es kennt Sie hier ja keiner.

Rund um den Eisenberg, auf dem man über einen großen Holzsteg über die Weinberge ins Nichts steigen kann, so als schwebte man über den Reben, und der sich auch hervorragend eignet, um dort, mit einer Flasche Blaufränkisch bewaffnet, den Abend zu begrüßen, aber auch rund um Deutsch-Schützen und weiter Richtung Güssing in den Rieden um Heiligenbrunn werden einige der besten Weine des Burgenlandes gekeltert.

Als Kuriosität von geschmacklicher Einzigartigkeit sei hier zuallererst der hauptsächlich rund um Heiligenbrunn angebaute Uhudler genannt. Im Aussehen ähnelt diese sogenannte Direktträgersorte der steirischen Rabiatbeere Schilcher. Geschmacklich erinnert sie an Walderdbeeren, was auf ihren amerikanischen Ursprung zurückgeht. Man nennt die Geschmacksnote auch Fox-Ton. Zuständig dafür sind vor allem die Rebsorten Ripatella, Concord und Elvira.

Wie kommt es, dass die Amerikaner für die Existenz dieses wirklich sehr speziellen Getränks verantwortlich sein sollen? In der Mitte des 19. Jahrhunderts vernichtete die Reblaus fast sämtliche Rebstöcke Österreichs. In der Not griff man auf die wesentlich widerstandsfähigeren Amerikanersorten zurück, die allerdings über einen leicht höheren Anteil an Fuselölen und Methanolen verfügten. Dass man durch den Genuss dieses Weins rascher betrunken wird und dass in diesem Zustand die zahlreichen Namensgebungslegenden für den »Heckenklescher« erfunden wurden, lässt sich nicht nachweisen. »Ein Heckenklescher« ist übrigens ein »Heckenplumpser« – d. h. ein so alkoholstarker Wein, dass man nach dem Trinken das Gleichgewicht verliert und beim Heimgehen in die Hecken fällt. Ebenfalls nicht juristisch erhärtet ist, dass es sich bei den besagten Rebläusen um Ahnen des legendären Volksschauspielers Hans Moser gehandelt hätte, der ja meinte, in seinem früheren Leben solch ein Tierchen gewesen zu sein.

Den Uhudler trinkt man am besten beim Buschenschank oder in einer Kellergasse zu den bereits erwähnten Deftigkeiten schweinischer Provenienz. Die etwas feinere Variante bieten Uhudlersekt oder Uhudler-Frizzante (Perlwein). Darüber hinaus gibt es Uhudlermarmelade, Uhudlerchutney bis hin zur Uhudlernaturkosmetik. Ende der Achtziger-, Anfang der Neunzigerjahre war dieser Wein verboten, was zahlreiche Winzer aber nicht davon abhielt, ihn a) trotzdem zu keltern und b) an besonders hartnäckige Fans unter der Hand zu verkaufen. Es gab zu dieser Zeit zwar Kellereiinspektoren, die das Einhalten des Verbotes kontrollieren sollten, doch seltsamerweise war immer reichlich Stoff im Umlauf.

Die Autoren wissen, wovon sie schreiben. Weder sind sie vom Genuss des Uhudlers erblindet, noch kann man ihnen Handgreiflichkeiten anlässlich ihrer zahlreichen Buschenschankaufenthalte nachweisen – Wirkungen, die der Volksmund dem übermäßigen Genuss dieses Weins zuschreibt.

Ab 1992 durfte der Uhudler wieder legal verkauft und ausgeschenkt werden. Zum 15. Jahresfest dieser Ehrenrettung gab es neben Uhudlergauklern, einer

Ausbildung zum Uhudlerbotschafter, einer Uhudler-kinderolympiade selbstverständlich auch die Kür zur Uhudlerprinzessin. Maßgeblich zur Legalisierung trug der 1989 gegründete Uhudlerverein bei, dem es gelang, durch Gutachten die angeblich gesundheitsschädigende Wirkung des rubinroten Getränks zu widerlegen. In jüngster Zeit allerdings droht dem Uhudler erneut Gefahr. Immense sogar. Und zwar diesmal aus Brüssel, das mit der Verbreitung des Weins ganz und gar nicht einverstanden ist.

Vermutlich ist es dem bösen Zauberer gelungen, dort Verbündete zu finden.

Damit steht zu befürchten, dass es diesmal endgültig »aus« heißt für den Uhudler. Ob seine Fans in Zukunft beim »Dealer« ihres Vertrauens unter der Hand oder drunt im Keller doch noch das ein oder andere Fläschchen ergattern können? Wer weiß, wer weiß?

Zum Selbermachen 3

Uhudler Erdbeersulz

5–6 Blätter Gelatine einweichen.
500 ml Uhudler mit 80 g Kristallzucker einige Minuten erwärmen.

*Gut ausgedrückte Gelatineblätter hinzufügen
und die Flüssigkeit auskühlen, aber nicht gelie-
ren lassen.*

*350 g entstielte und halbierte Erdbeeren in
eine Form füllen und mit 2–3 EL grob gehackten
Nüssen bestreuen.*

*Gelierflüssigkeit darüber gießen und die Sulz
mehrere Stunden lang im Kühlschrank stocken
lassen. Dann kurz in sehr heißes Wasser stellen,
stürzen, in Scheiben schneiden und mit Minze
und Zitronenmelisse garnieren.*

Also, nichts gegen den Uhudler, aber es gibt noch
einiges mehr in diesem von Ungarn und Slowenien
umzingelten äußersten Zipfel Österreichs. Die Win-
zerfamilien Krutzler, Weber oder Wachter-Wiesler
haben noch Schätze in ihren Kellern – wir kommen
ins Schwärmen, müssen eine Schreibpause einlegen
und ein Fläschchen Béla-Jóska (Blaufränkisch) öffnen.

Doch alles der Reihe nach. Um in die wunderbare, der ungarischen Grenze zugewandte Schüt-
zener Gegend zu gelangen, durchfahren Sie Ort-
schaften mit so schönen und klangvollen Namen wie
Kotezicken, Kohfidisch oder Harmisch. Hügelan,
hügelab. Der Csartaberg grüßt. Auch so ein schöner Flecken, übersät mit Weinkellern, denen man

einen Besuch abstatten könnte. Was tun? Haltmachen oder weiterfahren? Also gut. Weiterfahren. Und jetzt ganz langsam. Hier ist bereits Nacht. Nur wenige Lampen brennen hinter zugezogenen Gardinen. Es ist zwar erst halb acht Uhr, doch der Ort, besser die fünf Häuser, schläft. Nichts wie weg hier, denken Sie. Irrtum. Aufgepasst! Achtung! Kurve. Wirtshaus. Blinken.

Auffahrt bis zum Parkplatz hoch und Platz genommen bei einem weiteren Genusspropheten. Das Wirtshaus selbst von außen? Bestenfalls Durchschnitt. Auch der Eingang lässt außer zwei überdimensionalen Kaugummispendern noch nichts Außergewöhnliches vermuten. Doch dann. Eine Wirtsstube, wie man sie hier nicht erwarten würde. Eher der Gastraum eines gehobenen Restaurants in der Großstadt. Das muss noch nichts heißen. Haben wir doch gelernt, dass im Burgenland Verpackung und Inhalt nicht immer identisch sind. Der volle Parkplatz ließ es bereits ahnen. Kein Tisch mehr frei. Aber da hinten zahlt jemand. Hinter Ihnen drängen weitere hungrige Gäste in das Lokal. Rasch Platz genommen. Der überaus freundliche – ja, ja schon wieder – ungarische Kellner bietet Ihnen einen Aperitif an. Winzersekt mit Pfirsichmark. Sie studieren die Speisekarte.

Auszug aus dem Evangelium nach Jürgen Csencsits (Koch und Wirt):

- Gebratene Gänseleber mit Powidltascherl (Powidl ist Zwetschkenmarmelade, und Tascherln, das wissen Sie bestimmt schon, sind Teigtaschen)
- Klare Fischsuppe mit Zander und Forelle
- Geschmortes Kalbswangerl mit Filet und Balsamicolinsen
- Topfencremeschnitte auf Mango
- Amen

Der junge Kellner versteht auch einiges vom Wein. Vertrauen Sie also getrost seinen Empfehlungen. Übrigens, sollte es im Sommer drinnen keinen Platz mehr geben, empfiehlt sich ohnedies die von Wein umrankte Terrasse am oberen Ende des Parkplatzes.

Geneigter Leser, geistreiche Leserin, Sie werden verstehen, dass wir auf unserer Rundreise nur einen kleinen Teil der Widerstandskämpfer gegen den bösen Zauberer und Prediger der genüsslichen Seele unseres Burgenländers besuchen können. Glauben Sie uns, es gibt schon eine ganze Menge davon, und Jahr für Jahr schließen sich mehr und mehr dieser pannonisch-kulinarischen Résistance an. Natürlich müssen Kleinode wie das eben Beschriebene gesucht und erst einmal gefunden werden. Aber gerade das macht den Reiz vor allem auch des südlichen Burgenlandes aus. Es gibt sie, diese Kostbarkeiten, und vor allem gibt es sie in Gegenden, wo man sie nie und nimmer vermuten würde.

Nachdem wir Sie nun glücklich bis nach Deutsch-Schützen gebracht haben, ist es an der Zeit für einen weiteren Zwischenstopp.

Oben in den Weinbergen stehen ein paar Kathedralen südburgenländischer Weinbaukunst. Ein Hohepriester der burgenländischen Genussseele ist Hermann Krutzler. Sein Perwolff, auch in der gehobenen Gastronomie der Bundesrepublik anzutreffen, hat eigentlich bereits eine Art Kultstatus erreicht. Der Patriarch komponierte mit seinen Söhnen Erich und Reinhold diese Cuvée aus hauptsächlich Blaufränkisch und Cabernet Sauvignon.

Merken Sie, wie Sie allmählich immer kenntnisreicher in unserer kleinen Weinkunde werden?

Aber wir gönnen uns keine Atempause. Ruhig und beschaulich ist das Südburgenland von ganz allein. Weiter geht's zu Wachter-Wieslers Wirtshaus mit dem klingenden Namen *Ratschen*. Das Ratschen mit der Ratschen ist ein Brauch, der in katholischen Gegenden zur Osterzeit gepflegt wird, da dem Glauben nach in der Karwoche die Glocken nach Rom fliegen. Anstelle der Glocken sollen dann die Ratschen, eine Art Kurbel aus Holz, die durch eine Drehbewegung ein ziemlich lautes, klapperndes Geräusch erzeugt, die Gläubigen zum Gebet oder zum Kirchgang rufen.

In Wachter-Wieslers *Ratschen* geht's allerdings
ziemlich weltlich zu. Das Gebäude selbst verbin-
det zeitgenössische Architektur mit Traditionellem.
In sanfter Hanglage, inmitten von Weinbergen, ist
dieser Ort eine weitere Pilgerstätte für alle, die auf
der Suche nach Ruhe und Gelassenheit sind. Eine
großräumige Loggia bietet einen sehnsuchtsfördern-
den Blick in Richtung ungarischer Tiefebene. Zu
jeder Tages- und Nachtzeit ein Ort, an dem man der
genüsslichen Seele begegnet.

Charakteristisch für die Landschaft ist eine absolute Stille, die nachts nicht nur auf die Weinberge,
sondern auch auf die Straßendörfer fällt. Nur ab und
zu unterbrochen vom Knattern eines Mopeds, das
einen späten Zecher in Schlangenlinie nach Hause
bringt, von einem Uhu oder einem Trupp junger
Bundesheersoldaten, die hier die trotz Schengen
immer noch vorhandene grüne Grenze vor Menschen schützen, denen es zu Hause nicht so gut geht
wie den meisten Mitteleuropäern. Zynische Geister
sagen über die Gegend, sie sei zwar nicht der Arsch
der Welt, aber man könne ihn von hier verdammt
gut sehen.

Wie dem auch sei, wer sich für ein verlängertes
Wochenende richtig ausklinken möchte, ist hier bestens aufgehoben. Schon allein deshalb, weil durch
die nahen Grenzen österreichische, ungarische oder
kroatische Handynetzprovider dafür sorgen, dass man

absolut ungestört – also ohne Handysignal – inmitten der Weinberge die Seele baumeln lassen oder einfach nur seinen Rausch vom Vorabend ausschlafen kann. Sehr zu empfehlen zur aktiven Katerbekämpfung ist übrigens der Besuch einer der zahlreichen Thermen der Region. Wieder einigermaßen hergestellt, ist man bereit für einen weiteren Glanzpunkt der Gegend, die pannonische Küche.

Kurz vor dem ehemaligen Grenzübergang Heiligenkreuz findet sich unübersehbar das Gasthaus Gibiser. Gerlinde, die Besitzerin, scheint es sich zum Lebenszweck gemacht zu haben, jedem Gast ein lautes »Ah« oder »Oh« ob der vor ihm aufgebauten Köstlichkeiten zu entlocken. Eine Warnung der Autoren: Seien Sie zurückhaltend bei der Bestellung. Es ist, als würde Frau Gibiser sich mit diebischer Freude in einem Winkel ihrer zumeist üppig dekorierten Wirtsstube verstecken und beobachten, wie blässliche Seelen ob der Menge der als Vorspeise georderten Gänseleber immer tiefer in der weich gepolsterten Bestuhlung zu verschwinden suchen.

Als Hauptgang folgt ein Kalbspörkelt oder ein Fogosch (Zander) vom nicht allzu entfernten Balaton. Wer dann immer noch nicht um Erbarmen bettelt, wird mit einer besonderen Leckerei verwöhnt. Vanilleeis mit Kürbiskernkrokant und einem Schuss Kürbiskernöl. Selbstredend ist auch Frau Gibisers Weinkeller aufs Feinste bestückt, und am

besten nimmt man sich im angeschlossenen Feri-
endorf in einem der strohgedeckten, alten Bauern-
häusern nachempfundenen Appartements ein Zimmer, schläft sich dort aus und fängt mit der Erholung
am nächsten Morgen wieder von vorn an.

Zum Selbermachen 4

Vanilleeis mit Kürbiskrokant

Zwei Kugeln handelsübliches Vanilleeis im Glas.
Kürbiskrokant: zerbrochene Kürbiskerne werden
in der Pfanne mit karamellisiertem Zucker ange-
braten.
Im Anschluss lassen Sie die Masse in der Pfanne
erkalten. Die so entstehende Zucker-Kürbiskern-
platte händisch zerkleinern und über das Eis ver-
teilen.
Zum Schluss einen Schuss Kürbiskernöl dazu
geben.

Sobald Sie wieder bei Kräften sind, sollten Sie nun
keinesfalls eine Weinprobe beim Qualitätswinzer
Ihrer Wahl versäumen. Fragen Sie Frau Gibiser, sie
wird alles für Sie arrangieren. Aber Obacht. War es
bis in die frühen Neunziger noch gang und gäbe,

dass der betuchte Städter sich von Weinkeller zu Weinkeller durchkostete und sich dann, schon einigermaßen illuminiert, über die unverschämten »Ab Hof«-Preise mokierte, um so dem schon übers Ohr gehauenen Winzer nur ja nichts abkaufen zu müssen, haben sich auch hier die Zeiten radikal geändert.

Aus rotgesichtigen, mit kraftvoller Trinkerleber ausgestatteten Landmännern und -frauen, die sich freuten, wenn man sie besuchte und ihnen nach einer umfangreichen Verkostung das ein oder andere Fläschchen abkaufte, sind smarte Jungwinzer und -winzerinnen geworden, die den Wert ihrer Produkte kennen. »Ab Hof« ist also längst kein Synonym mehr für billig. Freilich gibt es immer noch Zeitgenossen, die der irrigen Meinung nachhängen, der Weinbauer warte den ganzen Tag zu Hause auf ihren Besuch, um dann gut gelaunt Keller und manchmal auch Küche zu öffnen und seine Erzeugnisse zum Nulltarif anzubieten. Doch Qualität hat ihren Preis. Eine Binsenweisheit, die die »Geiz ist geil«-Gesellschaft nur allzu gern verdrängt. Für eine ordentliche Weinverkostung bezahlt man also einen Beitrag, der je nach Winzer unterschiedlich ausfällt.

Dafür steigt man dann tief ein, nicht nur in den Bauch, also den Keller des Weingehöfts, sondern auch in die Geheimnisse, wie der ein oder andere Tropfen zustande gekommen ist. Natürlich nur, so-

weit der Winzer das zulässt. Sie werden's jedenfalls nicht bereuen, wenn Sie Fassproben aus edlen
Eichenholzfässern schlürfen dürfen. Und bitte versuchen Sie nicht, bei jedem Glas die Umdrehungszahl
Ihres rechten oder linken Oberarms zu erhöhen. Der
Wein bekommt deshalb nicht mehr Luft, und sowohl der Oberarm als auch der Weinbauer bekommen einen Krampf. Der eine einen Muskel-, der
andere einen Lach-. Innerlich natürlich nur, denn
burgenländische Weinbauern sind grundsätzlich höfliche Menschen.

Betrachten Sie eine Weinverkostung also als ein
Gesamterlebnis. Ein Kunstwerk höchster Vollendung.
Ein je nach philosophischer Grundeinstellung spiri-
tueller Akt, bei dem Sie eine kurz zuvor noch wild-
fremde Person in ihr Innerstes blicken lässt. Die Kerze
auf dem großen Holzfass in der Mitte des Kellerrau-
mes wirft mystische Schatten, platonischen Parallel-
welten gleich, an die Wände, während Sie die Kraft
des Bodens und der Sonne und ein Stück der Seele
des Künstlers, der den Wein geschaffen hat, in sich
aufnehmen. Sie schlürfen die Aromen von Schoko-
lade und Johannisbeere, schwelgen in Pfirsich- und
Wildkirschnoten und ergeben sich ganz dem Rausch
der Sinne. Übrigens – beginnen Sie nicht nach der
dritten oder vierten Fassprobe, je nach Konstitution,
den Winzer über seinen Wein aufzuklären – denn
damit wären wir wieder beim Krampf.

Zum Selbermachen 5

Pikante Weintrauben

Ca. 1 Kilo Biotrauben in ein sterilisiertes Ein-machglas füllen. Die Schale einer unbehandel-ten Zitrone zugeben.
3/4 Liter Gewürztraminer mit 3/8 Liter mildem Weißweinessig und dem Saft der zuvor geschäl-ten Zitrone, ca. 200 g Zucker und vier getrock-neten Chilischoten zum Kochen bringen.
Mit dem Sud die Trauben bedecken. Glas sofort verschließen, dann halten die Trauben ca. ein Jahr lang.

Die pikanten Trauben eignen sich besonders gut zu Wildgerichten.

Zum Glück für die Burgenländer konzentriert sich der ungarische Weinbau bisher hauptsächlich auf den heimischen Markt. Kannte man von früheren Bala-tonurlauben hauptsächlich den Tokájer als exzellente Begleitmusik zur Gänsestopfleber, so kommt heute so mancher burgenländische Winzer von einer kur-zen Spionagetour jenseits der Grenze mit feuch-ten Augen zurück, »die, wenn sie mal richtig Gas geben«, leise vor sich hin murmelnd. Soll heißen:

wenn die ungarischen Weinbauern ihr Qualitätsni-
veau steigern und in die Nachbarschaft zu exportie-
ren beginnen, werden sie eine ernsthafte Bedrohung
für die heimischen Winzer darstellen. Aber noch ist
es nicht so weit. Und zum Glück arbeitet eine Vielzahl von Weinproduzenten am Ausbau ihres Vor-
sprungs und somit an der Steigerung der Qualität,
was teils hervorragend gelingt.

Zum Abschluss der Suche nach der genüsslichen
Seele probieren wir es jetzt einmal mit dem Buschenschank. Wir haben bereits gelernt, der äußere Eindruck muss nicht immer seine Bestätigung finden.
Und wir haben auch gelernt, dass der böse Zauberer nur darauf wartet, uns in die Irre zu führen.
Dass er versucht, uns die feinen Köstlichkeiten des
Landes vorzuenthalten, und wir uns schon ein bisschen anstrengen müssen, um ihm auf die Schliche zu
kommen. Aber wir sind mutiger geworden auf unserer Reise. Und jetzt auf jeden Fall hungrig. Und da
wir zwischendurch schon mehrmals erfahren durften, wie schön so ein Abend mit dem einen oder
anderen G'spritzten beginnen kann, fassen wir uns
ein Herz und gehen durch einen Torbogen, der ähnlich wie das Heißluftgebläse in einem Großstadt-
kaufhaus im Winter, nur umgekehrt, für ein bisschen Abkühlung sorgt. Leicht modrig riecht es. Ein
Kinderrad lehnt an der Mauer.

Im Innenhof – Sie haben's schon bemerkt, im Burgenland spielt sich fast alles in Innenhöfen ab – bietet sich ein für Sie als zwar schon etwas Burgenlanderfahrenerem trotzdem immer noch ungewohnter Anblick. Eine alte Weinpresse. Holzfässer. Plastikkübel und Bottiche. Ein Wasserschlauch. Hund (groß, harmlos dreinblickend, gähnend), zwei hellbraune Katzen (klein, misstrauisch dreinblickend, ebenfalls gähnend). Dahinter lange Holzbänke, Holztische. Umgestülpte Viertellitergläser (für den G'spritzten). Auf den Tischen Holzbretter, darauf Brote mit Speck oder Aufstrichen verschiedenster Farbschattierungen vom Durchmesser eines Autoreifens, weiße Keramikschüsseln mit eingelegtem Sauren, Salzstangen, in kleinen Körben Gebäck aller Art, insbesondere Grammelpogatscherln (ein Muss), gartenfrische Paradeiser (= Tomaten), Paprika, Radieschen. An den Tischen schon jede Menge bestens gelaunter Menschen, Einheimische wie Touristen: Über allem rankt sich tiefgrün der Wein in den Lauben. Was soll man mehr sagen. Nichts wie rein, Platz gesucht (die Leute rücken gern auf für Neuankömmlinge) und ab die Post.

Der G'spritzte zischt nur so in den von der Hitze strapazierten Körper. Zum Glück haben Sie das Auto stehen lassen. Und »Taxi!« kann man immer noch so lallen, dass man hier verstanden wird. Die Produkte, ob Rauchfleisch, Selchwürste, kalter Braten, das für die Gegend typische helle Brot, Gemüse, Aufstriche, alles wird vor Ort von den Bauern direkt hergestellt. Vielfach in Bioqualität. Kleinere Spezialbetriebe in der Nähe liefern Schafs- und Ziegenkäse. Auch so Exotisches wie Wildschweinsalami oder Hirschwürstl finden Sie mittlerweile beim Buschenschank.

Über das Preisniveau allerdings müssen wir mit unserem Burgenländer noch einmal ein Wörtchen reden, denn das ist mancherorts noch in den ausgehenden Fünfzigerjahren stecken geblieben. Was die vielen Besucher zwar freut, mittelfristig aber nicht zum Überleben der Bauern beiträgt und vor allem den hohen persönlichen Einsatz, nicht selten der gesamten Großfamilie, oftmals nicht rechtfertigt. Besonders während der Öffnungszeiten des Gastbetriebes über die Sommermonate nehmen sich die Kinder, egal ob Rechtsanwältin in Wien, Gymnasiallehrer in Graz oder Marketingspezialistin in Salzburg, Urlaub, um die Eltern bei der körperlich anstrengenden Tätigkeit zu unterstützen. Ohne das würde es nicht gehen. Und ohne diesen Aufwand wäre die Landwirtschaft kaum mehr rentabel. Was dazu führt, dass sie irgendwann einmal aussterben könnten, die Buschenschanken. Das wollen die Bauern nicht. Das wollen Sie nicht. Und die genüssliche Seele des Burgenländers gleich dreimal nicht.

Zum Selbermachen 6

Grammelpogatscherln (Griebenteigtaschen)

Zutaten für ca. 24 Pogatscherln
450 g Mehl
30 g Germ (Hefe)
350 g Grammeln (Schweinegrieben)
1 Ei
1 Eidotter
3 EL Rahm
1 EL Milch zum Auflösen
Salz, Pfeffer
Ei zum Bestreichen
4 cl trockener Weißwein

Milch leicht erwärmen, Germ mit wenig Mehl darin auflösen und das so entstandene Dampfl kurz gehen lassen. Inzwischen Grammeln sehr fein hacken und mit dem Mehl auf einer Arbeitsfläche abbröseln.
Einige Grammeln ganz lassen – zwecks besserem »Biss« –, Ei, Dotter, Rahm, Wein und Gewürze hinzufügen und gemeinsam mit dem Dampfl zu einem Teig verkneten. Den Teig dünn ausrollen, zusammenschlagen und abermals ausrollen. Diesen Vorgang noch dreimal wiederholen.

Zum Schluss den Teig wieder zusammenschlagen und an einem warmen Ort eine knappe Stunde rasten lassen. Den Teig nunmehr auf eine Dicke von ca. 2,5 cm ausrollen und mit einem runden Ausstecher kleine Krapfen ausstechen. Diese auf ein gut gefettetes oder mit Backpapier ausgelegtes Blech legen und an der Oberseite der Pogatscherln mit einem scharfen Messer dekorative Gittermuster einschneiden. Mit Ei bestreichen, nochmals ca. 20 Minuten gehen lassen und erst anschließend im gut vorgeheizten Backrohr goldgelb backen.

Der meisterliche Philosoph und Lebemensch Michel de Montaigne lehrt uns Folgendes: *Die alten Griechen und Römer haben es vernünftiger gehalten als wir. Sie widmeten dem Essen, wenn sie nicht von einem außergewöhnlich dringenden Geschäft abgehalten wurden, etliche Stunden, ja den besten Teil der Nacht, aßen und tranken weniger hastig, als wir es zu tun pflegen, die wir alles in Windeseile erledigen, und zogen dieses natürliche Vergnügen durch mehr genussreiche Muße in die Länge, indem sie allerlei nützliche und angenehme, der Geselligkeit dienende Unterhaltungen einflochten.*

Der Gute schrieb dies im ausgehenden 16. Jahrhundert, und gewisslich haben seine weisen Worte nichts an Kraft und Wahrheit verloren. Wir Jünger der

Genussseele des Burgenländers neigen unser Haupt in Ehrfurcht vor diesem klugen Menschen und geloben, fürderhin seinen Segen bringenden Ratschlägen zu folgen. Tun auch Sie es, und Sie werden sehen, dass Sie damit auch ohne sinnlose Sinnsuche der inneren Balance und damit der genüsslichen Seele des Burgenländers ein gutes Stück näherkommen.

Seele No. 2

Die künstlerische Seele

Der böse Zauberer kehrt zurück
Part I
Ein Theaterstück in fünf Akten

Personen
Joseph Haydn
Franz Liszt
Ostbahn-Kurti
Garish
Die Stimme von Harald Serafin
Beherzte Burgenländer und Burgenländerinnen
Der Landeshauptmann
Der Kulturlandesrat

ERSTER AKT
Szene 1

Schauplatz
Das Innere eines typischen burgenländischen
Weinbergs, da, wo der Lehm in den Fels über-
geht. Eine Grotte. Kerzen auf mannshohen,
schmiedeeisernen Kerzenständern. Ein Holz-
tisch. Thronartige Stühle mit hohen Lehnen. Im
Hintergrund spielt die burgenländische Band
Garish einen leisen Instrumentalsong. Franz
Liszt sitzt aufrecht und erwartungsvoll in einem
Stuhl. Ein Weinfass, darauf drei langstielige Glä-
ser. Auf dem Tisch ein gestylter Decanter mit
Wein.

Szene 2

Garish spielen die Kaiserhymne. Joseph Haydn
tritt auf.

Liszt: *Geh bitte!*

Haydn (unwirsch): *Was, geh bitte?*

Liszt: *Na, immer diese Auftritte. Kann Er ned
anders?*

Haydn (beleidigt): *Doch, er kann. Aber er will
ned.*

Liszt: *Die Sache ist zu ernst, als dass wir uns jetzt
hier streiten, verehrter Herr Hofkapellmeister.*

Haydn (immer noch pikiert): *Und um was geht's
so Wichtiges, dass Er mich hierher zitiert.
Meint Er, ich hab nix Bessres zu tun?*

(Zu sich gewandt: *Na, dem gönn ich den Wagner
als Schwiegersohn).*

Liszt: *Nun reg Er sich wieder ab. Es geht ...*

Ein Poltern geht durch den Berg. Der Wein
schwappt im Decanter. Die Gläser klirren.

Szene 3

Ostbahn-Kurti stolpert auf die Bühne.

Ostbahn-Kurti: *Habe die Ehre.*

Liszt (verzieht verächtlich das Gesicht): *Spät is
Er. Setz Er sich!*

Ostbahn-Kurti: *Aber gehns, Herr Liszt.*
Was redens denn so gspreizt daher,
Sie Mittelburgenländer, Sie.
Liszt: *Also das verbitt ich mir. Er, Er, Er Beute-*
wiener, Er!...
Hadyn: *Aber ich bitt Sie, meine Herren. Pacem.*
Pacem. Verehrter Liszt, heraus mit der Sprach,
was will Er uns denn so Wichtiges mitteilen?
Liszt (betrübt): *Ein finsterer Schatten legt sich auf*
die künstlerische Seele unseres Burgenländers.
Der böse Zauberer ist zurückgekehrt.
Haydn und Ostbahn-Kurti stöhnen entsetzt auf.
Ostbahn-Kurti: *Aber das ist ja furchtbar. Dann*
waren ja all unsere Bemühungen...
Haydn: *...umsonst.*
Liszt (lüpft die gepuderte Perücke und kratzt
sich auf dem fast kahlen Schädel): *In der*
Tat, meine Herren. In der Tat. Wenn Sie sich
nun wieder hinsetzen möchten. Mit Ihrer Auf-
geregtheit werden wir dem Burgenländer auch
nicht helfen können.
Ostbahn-Kurti: *Und, und, und, und was hat er*
bereits angerichtet, der böse Zauberer?
Liszt: *Er verwüstet das Land mit einer unüberseh-*
baren Zahl von Bauernlaienbühnen.
Haydn und Ostbahn-Kurti: *Ooohh!*
Liszt: *Kunstklubs, in denen Makramee und Töp-*
fern für Hausfrauen zelebriert werden.

Haydn und Ostbahn-Kurti: *Iiiiih!*

Liszt: *Und damit nicht genug. Alleinunterhalter stürmen die Bühnen des Landes. Ein jeder denkt, er wär ein ... (Liszt stockt) ... ein Superstar.*

Haydn und Ostbahn-Kurti: *Nein!*

Liszt: *Doch. Und es kommt noch viel schlimmer.*

Haydn und Ostbahn-Kurti: *Gnade!*

Liszt (mit zitternder Stimme): *Der böse Zauberer plant, das gesamte Südburgenland zu überdachen.*

Ein Grollen geht durch den Berg.

Serafins Stimme: *Aber ist doch eh alles wunderbarrrrr.*

Die drei ignorieren die Stimme.

Haydn: *Und dann?*

Ostbahn-Kurti: *Ja genau, und dann?*

Liszt (nach langer Kunstpause, von Haydn zu Ostbahn-Kurti und wieder zurück blickend mit weit ausholender Geste): *Dann wird ein nie mehr endender Musikantenstadel aufgeführt.*

Das Kichern des Zauberers ist aus dem Off zu hören. Die drei verkrampfen sich. und Garish spielt laut Instrumentalmusik.

Vorhang

ZWEITER AKT

Wir befinden uns immer noch im Inneren des Berges. Haydn, Liszt und Ostbahn-Kurti sitzen angestrengt nachdenkend um den Tisch.

Haydn: *Ich habs!*

Liszt: *Was hat Er?*

Haydn: *Ich ruf meinen Spezl Wolferl an.*

Ostbahn-Kurti: *Den Ambros?*

Haydn (trocken): *Amadeus*

Liszt: *Und der soll helfen können? Wie denn?*

Garish improvisiert kurz eine kleine Nachtmusik

Haydn zückt ein Handy.

Ostbahn-Kurti (gespreizt): *Glaubt Er, dass Er da herinnen einen Empfang haben tut?*

Haydn: *Ich bin ein Geist. Ich hab überall Empfang.*

Es klingelt.

Ostbahn-Kurti (sinnierend): *Haydn? Handy? Haydn? Handy?*

Haydn: *Ja, Haydn am Apparat. Was? Will mich nicht sprechen? Wie? Keine Zeit? Aber? Was? Das Arschlecken? Also…*

Legt entrüstet auf. Liszt und Ostbahn-Kurti drehen die Köpfe zur Seite und grinsen.

Ostbahn-Kurti: *Schöne Freund hams.*

Liszt (fasst sich als Erster wieder): *Ja, wenn man nur wüsste, wie…*

Haydn: *Ja, wenn man nur wüsste, was…*

104

Ostbahn-Kurti: *Ja, wenn man nur wüsste, mit wem …*

DRITTER AKT

Im Keller eines Dorfwirtshauses. Zwei Altachtundsechziger und drei Jugendliche. Ein junges Mädchen, Lizzi, steht am Kellerfenster.

Lizzi: *Psst. I glaub, da kommt wer.*

Franz: *Schnell Licht aus.*

Jürgen: *Zu spät.*

Die Tür geht auf, herein kommt keuchend ein junger Mann. Unter dem Mantel zieht er einen Packen Flugblätter hervor.

Lizzi (erleichtert): *Gott sei Dank, du bist's, Kevin.*

Die anderen grinsen unverschämt, als sie den Namen ausspricht.

Kevin: *Was kann ich dafür, dass meine Eltern … Na egal. Das sind die neuen Flugblätter. Die müssen schnell unters Volk.*

Sabine: *Lass schauen! Freitag: Vernissage mit anschließender Jungweinverkostung. Danach: Chillen im Weinberg. Samstagabend: Szenische Lesung. Danach: Diskussion mit dem Autor und Abclubben im Weinkeller bis in die Früh. Sonntagmorgen: Jazzbrunch. Was, der DJ kommt extra aus Berlin? Wow! Festival*

zeitgenössischer Musik auf der Burgruine. Na,
passt eh, oder?

Kevin: *Ja, und das ist erst der Anfang. Überall im*
Land regt sich Widerstand. Die Leute haben
die Nase voll von der Volksverdummung, die
wollen was G'scheites.

Franz (skeptisch): *Leute, Leute, macht euch doch*
nichts vor. Gegen den bösen Zauberer sind wir
alle machtlos. Wir sind viel zu wenige. Solange
er die Gehirne der Mehrheit mit seinen leeren
Phrasen und hohlen Parolen erreicht, können
wir mit der Kunst nichts gegen ihn ausrichten.
Und solange er die Politiker glauben macht,
dass das Volk nur dumpfe Unterhaltung und
nichts Anspruchsvolles will, werden die uns
auch kein Geld mehr geben. Wie sollen wir uns
nur wehren gegen seine Übermacht?

Ein Lautsprecherwagen fährt vorbei und spielt
Hansi Hinterseer.

Lizzi: *Sie pflastern schon alles zu mit ihren Plaka-*
ten. Da!

Sie zieht ein Andy-Borg-Plakat hervor. Alle pral-
len entsetzt zurück.

Lizzi: *Aber die Unseren schlagen bereits zurück.*
Triumphierend holt sie eine kleine rote Scheibe
aus der Tasche und klebt sie Borg auf die Nase.

Jürgen: *Franz, du hast recht. Der böse Zauberer*
hat alle Subventionen kürzen lassen, und bald

106

*wird's gar kein Geld für uns mehr geben. Dann
ist es aus. Vorbei. Dann kann er endlich seinen
ewigen Musikantenstadel aufsperren.*

Gerhard: *Nie und nimmer. Das dürfen wir nicht
zulassen. Wir müssen uns noch besser organi-
sieren.*

Widerstand! Widerstand!

Die anderen stimmen mit ein.

VIERTER AKT

Wieder im Berg. Haydn, Liszt und Ostbahn-Kurti
starren auf einen kleinen Monitor und beobachten die eben gespielte Szene.

Haydn: *Da, seht nur. Im Volk regt sich Widerstand.*

Liszt: *Ja. Die Menschen tun sich zusammen. Kulturinitiativen entstehen allerorts. Das wird dem
Zauberer aber gar nicht schmecken.*

Ostbahn-Kurti: *Wie können wir den Menschen
helfen?*

Liszt: *Sicher ned mit einem Haydnfestival.*

Ostbahn-Kurti: *Mörbisch?*

Haydn: *Geh bitte!*

Liszt: *No, der Lehár und Kalman sind immerhin
welche von den Unsrigen. Fast.*

Serafins Stimme: *Wunderbarrrr!*

Ostbahn-Kurti: *Tuns nicht streiten, meine Herren.*

Wir müssen den Menschen helfen, und ich hab
auch schon eine Idee.

FÜNFTER AKT

Büro des Landeshauptmanns. Der CD-Spieler
spielt eine burgenländische Version von »Viva
Colonia« von den *Höhnern*. Der Landeshaupt-
mann und der Kulturlandesrat tanzen ekstatisch
zur Musik. Sie hängen an Fäden wie Marionetten
und werden vom bösen Zauberer bewegt.
Der Landeshauptmann: *Da samma dabei. Des is*
priihiiima!
Der Landeskulturrat: *Viiiiiva Pannonia!*
Haydn, Liszt und Ostbahn-Kurti stürmen das
Büro. Mit überdimensionalen Scheren schnei-
den sie die Fäden durch. Während sie den bösen
Zauberer vertreiben, kommen *Garish* auf die
Bühne und spielen ein Lied.
Der Landeshauptmann: *Was ist denn das? Das*
hört sich ja gar ned schlecht an.
Der Kulturlandesrat: *Hab ich schon mal wo*
gehört. Burgenländer sind das, glaub ich.
Der Landeshauptmann: *Was? Von hier? Klingt*
aber wirklich gut. Das sollt ma fördern, oder?.
Der Kulturlandesrat: *Jawohl, Herr Landeshaupt-*
mann.

| 108

Der Landeshauptmann: *Und nach dem Haydnfes-*
tival mach ma noch ein Lisztfestival.
Der böse Zauberer schreit auf und explodiert in
einer Feuersäule.
Ostbahn-Kurti: *Und was ist mit mir?*
Harald Serafins Stimme: *Na, dann is ja alles*
wunderbarrrr.

Vorhang

Grenzregionen, zumal Fremdenverkehrsregionen, haben es an sich, dass sie sich in Kulturbelangen immer wieder neu erfinden müssen. Zum einen, um den Gästen jährlich Neues bieten zu können, weil sich ja auch der Gast geschmacklich weiterentwickelt, zum anderen, weil der ewige Kampf um die Subventionen auch die Politiker vor stetig neue Herausforderungen stellt. Soll man das Budget auf Großveranstaltungen wie die Seefestspiele in Mörbisch konzentrieren, die immerhin bis zu 200 000 Menschen pro Saison an den Neusiedler See und damit reichlich Umsatz in die Region bringen? Oder soll man auf die vielen kleinen Kulturinitiativen setzen, die zwar bemüht sind, durch Sponsoring die Budgetlöcher zu stopfen – siehe *Weinwerk* etc. –, ohne Hilfe des Landes aber nicht überleben könnten? Ein Dilemma, mit dem die Burgenländer nicht allein stehen.

Das ist schwierig. Aber wenn man aufmerksam durchs Land fährt, merkt man, dass die künstlerische Seele durchaus auf ein besonders kreatives Potenzial zurückgreifen kann, bei dem es schade wäre, wenn es vom volksdümmlichen Einheitsbrei nach und nach verschluckt würde.

Wir wollen darum jetzt noch ein paar ausgewählte Kreativlinge näher unter die Lupe nehmen, und zwar deshalb, weil sie es zu einer Zeit über die Grenzen dieses Landes hinaus geschafft haben, als das Burgenland als das Armenhaus Österreichs galt und die Bevölkerung physisch und psychisch mit dem Rücken zum Eisernen Vorhang stand. Eine tote Region. Aber eben nicht ganz.

Eine beachtliche Metamorphose hat der kroatischstämmige burgenländische Künstler Willi Resetarits seit den frühen Siebzigerjahren durchlebt. Vom linken Politrockkabarettisten, der das Establishment mit seiner Band *Die Schmetterlinge* wie sonst nur der Wiener Anarcho-Liedermacher Sigi Maron auf Trab hielt – die Autoren führen sich aus Anlass dieser Zeilen nach einem gefühlten Jahrhundert mal wieder die Platten (für die jüngeren Leser: genau, Schallplatten, diese schwarzen runden Dinger mit Loch in der Mitte) »Beschwichtigungsshow« und »Proletenpassion« zu Gemüte und stellen erstaunliche Aktualitäten in den Texten fest –, wurde er zum Ostbahn-Kurti, steigerte sich in weiterer Folge zum »Professor Dr. Kurt Ostbahn«, spendete audiotechnisch »Trost und Rat« und wurde schließlich zum multikulturellen Wanderer zwischen vor allem slawisch inspirierten musikalischen Welten.

Die *Schmetterlinge* traten Ende der Siebzigerjahre mit dem Lied »Boom, Boom, Boomerang« sogar einmal beim *Eurovision Song Contest* auf, mit dem klassenkämpferischen Anspruch, die internationalen Plattenmultis gehörig vorzuführen. Verstanden hat's dann aber so richtig niemand, und das Ergebnis war ein vorletzter Platz und ein kleiner Hit in der Heimat. Getextet hatte das Lied Lukas, der ältere Bruder von Willi Resetarits, ein Urgestein der österreichischen Kabarettszene. Im Grunde blieb das Ganze ein mediales »Revolutionerl«, und nach einem kurzen »Jo denn des?« seitens der älteren Generation ließ man die »Hascher und Gammler« zwar weiter gegen die Auswüchse des Kapitalismus protestieren, scherte sich aber nicht sonderlich darum.

Sowohl die »Beschwichtigungsshow« als auch die »Proletenpassion« erschienen übrigens auf dem ganz und gar nicht antikapitalistischen oder gar alternativen Label Ariola, das damals noch zum Hause Bertelsmann gehörte. Dessen Gründer, der Steirer Monti Lüftner – ein gebürtiger Leobner – wurde zum Inbegriff des jovialen, ausschließlich den Künstlern verpflichteten Plattenbosses. Mit Stars wie Peter Alexander, Mireille Mathieu und Udo Jürgens und später dann mit Whitney Houston oder U2 katapultierte er den Buchverlag Bertelsmann in die Oberliga der internationalen Tonträgerindustrie. Ein »Hans Dampf in allen Gassen« und Societylöwe ersten Ranges, mischte er die Münchner – und nicht nur diese – Gesellschaft auf. Sein tragischer Unfalltod hatte folgerichtig etwas Bizarres und seinem außergewöhnlichen Leben Adäquates: Zum Entsorgen von Gestrüpp, das bei der Gartenpflege anfiel, suchte Monti einen Wertstoffhof auf. Da er nicht sofort an die Reihe kam, vertrat er sich ein bisschen die Beine und wurde dabei von einem Lastwagen übersehen und überrollt.

Wie der Österreicher generell mit Revolutionen umgeht, zeigt der gerade zitierte, anlässlich des Ausbruchs der Revolte im Jahr 1848 dem Kaiser Ferdinand I. zugeschriebene Ausspruch. »Jo derfn s' denn des?«, soll er gesagt haben, als man ihn von den einsetzenden Unruhen in Wien in Kenntnis setzte. Auch damals kam es, gemessen an den europaweiten Aufständen, in Österreich maximal zu einem »Revolutionerl«.

Der Ostbahn-Kurti und seine Chefpartie wiederum hatten mit vordergründiger Politisiererei nichts am Hut. Die vom früh verstorbenen Radiojournalisten Günther Brödl geschaffene Kunstfigur wurde durch Willi Resetarits in die reale Welt transferiert. Von da an zog sie triumphalisch durchs Land, der b'soffene, intellektuelle Prolet wurde zum Liebling einer ganzen Generation und war so etwas wie die logische Weiterentwicklung des »echten Wieners Edmund Sackbauer«. Details dazu entnehmen Sie bitte der »Gebrauchsanweisung für Österreich«. Musikalisch bediente man sich bei amerikanischen Klassikern von Bruce Springsteen bis Ry Cooder, verpasste ihnen Dialekttexte und rockte ab, was das Zeug hielt. Um dem Ganzen die Krone aufzusetzen, verlieh sich der Ostbahn-Kurti auf dem Höhepunkt

seiner Karriere selbst Doktorwürde und Professoren-
hut und persiflierte dergestalt Titelsüchtigkeit und
Titelhörigkeit des österreichischen Spießbürgers.

Derzeit genehmigt sich Resetarits eine Auszeit
von seinem Alter Ego und widmet sich dem Stuben-
blues, in dem er Folk, Jazz und Volksmusik zueinan-
derbringt und ein wenig wieder zum Beginn seiner
Künstlerkarriere zurückkehrt – siehe *Schmetterlinge*.
Aber wer weiß, irgendwann wird der Ostbahn-
Kurti den Willi Resetarits schon noch einmal dazu
ermuntern, Doppelliter-bewaffnet, de oidn Hodern
(betagte Hits) zu intonieren.

Der Vollständigkeit halber sei noch erwähnt, dass
auch der jüngste der drei Resetarits-Brüder, Peter,
Karriere als investigativer Fernsehjournalist und
Moderator gemacht hat. Eine krowodische, burgenländische Familie, die auszog, um den großkopferten Wienern die Welt zu erklären.

Toni Stricker, der als gebürtiger Wiener mit burgenländischen Wurzeln anders als der eben Beschriebene den umgekehrten Weg ging, zog in den Siebzigerjahren ins Burgenland. Ursprünglich vom Jazz
kommend, führte ihn sein Weg auf vielen Zwischen-
stationen hin zur pannonischen Volksmusik. Keine
Sendung des ORF-Landesstudios Burgenland über
Land und Leute scheint ohne ihn und seine Geige
auch nur ansatzweise denkbar.

Noch weit berühmter als die erwähnten Herren ist zweifellos Joseph Haydn. Obzwar in Niederösterreich geboren, verbrachte er den Großteil seines beruflichen Lebens im Burgenland, genauer gesagt am Hof der Fürsten Esterházy in Eisenstadt, wo er die Position des Kapellmeisters innehatte. Im Laufe seines Lebens komponierte er 104 Symphonien, 24 Opern, 14 Messen, 83 Streichquartette, 52 Klaviersonaten und, und, und… Wenn Sie das Nachtleben von Eisenstadt kennen, verstehen Sie, warum.

Haydn hatte elf Geschwister, sein Vater war Wagenbauer und Marktrichter. Sein Talent wurde früh erkannt, und zahlreiche Förderer begleiteten seinen Weg. Als er in den Stimmbruch kam, schlug sein Chorleiter vor, ihn zum Kastratensänger zu machen. Er wird wohl lange seinem Vater dankbar gewesen sein, dass dieser dem Ansinnen widersprach. Kastration von Sängern war von der Antike bis ins 18. Jahrhundert ein beliebtes Mittel, den Knaben ihre reinen Singstimmen zu bewahren. Zum Glück für die Wiener Sängerknaben wurde diese Praxis im 19. Jahrhundert beendet.

Während Haydns fast dreißigjähriger Tätigkeit am Fürstenhof der Esterházys entwickelte sich eine Freundschaft zu Wolfgang Amadeus Mozart. Beide waren Mitglieder der Freimaurerloge »Zur wahren Eintracht«. Von irgendwelchen Verschwörungstheoretikern blieb Liszt weitgehend verschont. Nach dem Tode von Fürst Nikolaus Esterházy unternahm Haydn mehrere höchst erfolgreiche Konzertreisen nach England.

In dieser Zeit schickte sich auch ein kleiner Bonner Musikus an, ein ganz Großer zu werden. Nachdem Ludwig van Beethoven Haydn kennengelernt hatte, zog er nach Wien, um dessen Meisterschüler zu werden. Wir Österreicher haben es übrigens irgendwie geschafft, aus Hitler einen Deutschen und aus Beethoven einen Österreicher zu machen. Und es gibt nicht wenige, die das immer noch glauben – oder zumindest gern so hätten.

Ach ja, und da wäre dann natürlich noch ein gewisser Franz Liszt. 1811 in Raiding im Mittelburgenland geboren, begann er schon im frühen Kindesalter eine vom ehrgeizigen Vater angetriebene Wunderkindkarriere. Parallelen zu Leopold Mozart sind durchaus berechtigt. Übrigens war es Antonio Salieri, der den kleinen Franzi im Fach Komposition unterrichtete. Auch der sich damals ebenfalls in Wien aufhaltende Beethoven soll zu den Bewunderern des talentierten Knaben gehört haben.

Mit einem Empfehlungsschreiben des Fürsten Metternich reiste der junge Liszt nach Paris, um dort am Konservatorium zu studieren. Lag's nun an Metternich oder daran, dass die Franzosen damals partout keine Ausländer bei sich unterrichten wollten – wie wenig sich die Zeiten doch verändern –, jedenfalls wurde Liszt abgelehnt, und sein Vater übernahm die Ausbildung. Von Marketing und Public Relations dürfte Papa Liszt einiges verstanden haben, denn Liszt Junior machte schon bald als »petit Litz« in Frankreichs Hauptstadt von sich reden. Ähnlich wie Haydn bereiste er mehrere Male England, wo er als »Master Liszt« bejubelt wurde.

Damals war der Junge dreizehn, vierzehn Jahre alt. Vermutlich schon leicht anpubertiert. So was kann nicht gut gehen. Als er fünfzehn ist, stirbt sein Vater. Franz muss lernen, auf eigenen Beinen zu stehen und für sich und seine Mutter zu sorgen. Sie leben in Paris, und zu seinen Freunden zählen Persönlich-keiten wie Honoré de Balzac, Heinrich Heine, Vic-tor Hugo oder Alexandre Dumas. Nicht schlecht für einen aus Raiding aus dem Mittelburgenland, das Sie unbedingt schon allein wegen des Liszthau-ses und des darin eingerichteten Lisztmuseums be-suchen sollten. Zu sehen ist dort unter anderem die Totenmaske des Meisters.

Zu den musikalischen Wegbegleitern Liszts zähl-ten Größen wie Frédéric Chopin, Niccoló Paga-nini, Gioachino Rossini und Felix Mendelssohn Bartholdy. Über das Verhältnis Franz Liszts zur Damenwelt lesen Sie selbst nach. Nur so viel sei ver-raten, wenn der Mittelburgenländer einmal in Fahrt kommt, dann aber hallo!

Was hätte er sich wohl gedacht, der gute Franz L. aus dem beschaulichen Dörfchen nahe der ungarischen Grenze, wenn er im hohen Alter, sich in *Wahnfried* auf einem Steinbänkchen von einem kurzen Spaziergang ausruhend, auf das Konzertgebäude seines Schwiegersohns Richard Wagner geblickt und man ihm erzählt hätte, dass man anlässlich seines 200. Geburtstages nahe dem geduckten, strohgedeckten, nur wenige Wohnräume umfassenden Haus, in dem er am 22. Oktober 1811 das Licht der Welt erblickte, einen modernen, den baulichen Gegebenheiten des Ortes gekonnt angepassten Konzertsaal errichten würde. Vielleicht hätte er still geseufzt, an seinen vor wenigen Jahren verstorbenen Schwiegersohn gedacht und daran, dass nun seine Tochter Cosima allein die Festspiele leiten musste.

Vielleicht aber wären seine Gedanken weitergeschweift. Ein Lächeln hätte seine Lippen umspielt, wenn er an die Zeit gedacht hätte, als er noch ständig reiste – Moskau, Wien, Paris, London. Damals, als er an einem kalten Februarabend des Jahres 1847 nach einem Konzert der temperamentvollen, um sieben Jahre jüngeren Frau mit den geheimnisvollen Augen vorgestellt wurde – Carolyne zu Sayn-Wittgenstein. Ihre Intelligenz hatte ihn sofort fasziniert. Philosophie, Kunst, Literatur waren Themen, zwischen denen sie sich mühelos hin und her bewegte. Bei der Erinnerung wäre ein leichtes Zittern durch sei-

118

nen hageren, vom Leben gezeichneten Körper gegangen.

An Frauen und Gelegenheiten hatte es nie geman-
gelt. »Lisztomanie« hatte Heinrich Heine das Phänomen genannt, das vor allem beim weiblichen Publikum Begeisterungsstürme hervorrief. Vermutlich
hätte Liszt abermals gelächelt und milde, aber mit
einer gewissen Zufriedenheit einem Zitronenfalter
hinterhergeblickt. Auch die kleine Raupe aus Raiding hatte sich als ein Prachtexemplar von Schmetterling entpuppt. Nichts konnte ihn in der Enge der
Provinz halten, wie ein Falter war auch er von Konzertsaal zu Konzertsaal geschwebt. Hatte sein wal-
lendes Haar mit ungestümer Geste immer wieder
in musikalischer Ekstase aus der Stirn gestrichen.
Den Körper wie entrückt nach vorn und zurück
geworfen.

Die zartgliedrigen Hände mit den langen Fingern hätten bei der Erinnerung an diese wilden Jahre
unwillkürlich über das jetzt graue, dünne lange Haar
gestrichen. Das Publikum hielt es damals nicht mehr
auf den Stühlen. Die Lisztomanie hatte sie alle erfasst.
Keiner konnte sich ihr entziehen. Auch Carolyne zu
Sayn-Wittgenstein nicht. Aber mit ihr kam erstmals
die Ruhe, erstmals der Gedanke, sich niederzulas-
sen. Weimar sollte es sein, wo er längst eine Stellung als Kapellmeister innehatte. Wie schön würden diese Jahre doch sein, hat er wohl gedacht. Wie

ruhig. Die Kunst als tägliche Begleiterin. An seiner Seite die Frau, die er abgöttisch liebte.

Doch einer Ehe stand entgegen, dass Carolyne bereits verheiratet gewesen war. Geschieden nun zwar nach russischem Recht. Doch das zählte für den Katholiken nicht.

Dort in *Wahnfried* hätte jetzt ein leichter Windhauch Franz Liszts von tiefen Falten durchzogenes Gesicht berührt. Aus einem offenen Fenster wäre Klaviermusik zu ihm herübergedrungen. Die Proben für die Festspiele, kurz vor dem Abschluss. Sänger, Dirigenten, Bühnenbildner, aber auch Honoratioren aus Bayreuth und dem gesamten bayerischen Land hätten sich in *Wahnfried* die Klinke in die Hand gegeben.

Diesen Trubel hätte Liszt nicht mehr gemocht. Zu viel davon hatte er zeit seines Lebens selbst erfahren. Und nun am Ende seiner letzten Jahre hätte er sich nur noch nach Ruhe und Frieden gesehnt. Vielleicht hätte er an den Schwiegersohn denken müssen. Freunde waren sie gewesen. Er und der immer berühmter werdende Richard Wagner. Oft hatte er dessen Werke dirigiert. Hatte ihn unterstützt, wenn er wieder einmal klamm war.

Und dann hatte Richard Wagner Liszts zweite Tochter Cosima kennengelernt, die dereinst gestrenge Herrin von *Wahnfried* werden sollte. Er selbst war mit der sich anbahnenden Liaison nicht einverstanden gewesen, war Cosima doch mit seinem vormaligen Schüler Hans von Bülow verheiratet. Beim Gedanken daran hätte sich ein Schatten auf Liszts Gesicht gelegt. Wie hatte er auf sie eingeredet. Doch nichts hatte geholfen. Cosima musste ihren Willen durchsetzen, sich scheiden lassen und Richard Wagner heiraten.

Und noch eine Erinnerung hätte seine Stimmung getrübt. Endlich, nach einem erbitterten Kampf gegen die katholischen Institutionen, hatte Rom die Scheidung Carolyne von Sayn-Wittgensteins von ihrem Ehemann Prinz Nikolaus von Sayn-Wittgenstein-Berleburg-Ludwigsburg gebilligt. Doch da war die Liebe zwischen Franz und Carolyne bereits erkaltet.

Und vielleicht hätte Franz Liszt an diesem wohlig warmen Frühsommertag auf seiner Steinbank in *Wahnfried* an das kleine Raiding gedacht. An die Klänge der Zigeunermusikanten, die ihn die ersten Jahre seines Lebens im Burgenland, das damals noch zu Ungarn gehörte, begleitet und sich später immer wieder in seine Kompositionen eingeschlichen hatten. Vielleicht hätte ihn der Gedanke daran und an die unbeschwerte Kindheit in der pannonischen Tiefebene, die sonnenreichen Sommer, das Spielen mit den Dorfkindern im Heu, das andächtige Lauschen auf Kirchenmusik wieder versöhnlich gestimmt mit sich und der Welt.

Im Juli 1886 starb Franz Liszt in Weimar. Seinen Schwiegersohn Richard Wagner überlebte er um drei Jahre.

»Lisztomania« ist auch der Name eines abgefahrenen Musikfilms von Ken Russell. Komponiert hat die Musik der legendäre Keyboarder der Gruppe *Yes*, Rick Wakeman. Den Titelhelden spielt der Liedsänger von *The Who*, Roger Daltrey.

Den Autoren fehlt leider mangels frühzeitiger Geburt die nötige Erfahrung, dieses Oeuvre beurteilen zu können. Es drängt sich uns allerdings der Verdacht auf, dass bei Konzeption und Produktion des Filmes Substanzen im Spiel gewesen sein müssen, die es zum Wohle der Volksgesundheit nicht zum Massenkonsumartikel gebracht haben.

Ein weiterer kurioser Umgang mit Liszts Schaffen findet sich in der nationalsozialistischen Propaganda, verwendete man doch Teile der »Préludes« als Schlussmusik für die »Deutsche Wochenschau«.

Sollten Sie nun Ihr bisher nur latent vorhanden gewesenes Interesse für Franz Liszt tief aus dem Innersten hervorgekramt haben, dieses Buch aber nach 2011, also nach dem offiziellen Franz-Liszt-Jahr mit seinem Lisztomania-Festival, in Händen halten, so besuchen Sie dennoch das Lisztzentrum in seinem Geburtsort, beziehungsweise erkundigen Sie sich rechtzeitig nach Veranstaltungen.

Die beiden Intendanten des Festivals, Johannes und Eduard Kutrowatz, arbeiten mit Hochdruck daran, dass Liszt und seinem Werk in seiner Heimat auch längerfristig der gebührende Stellenwert zukommt. Beide selbst hochkarätige Musiker haben für das Festivaljahr 2011 ein Programm zusammengestellt, das weltweit seinesgleichen sucht. Internationale Größen wie Daniel Barenboim und Elisabeth Leonskaja werden in das ehemalige Niemandsland zwischen Ost und West reisen. Und da Sie nun stolze Besitzer dieser Gebrauchsanweisung sind, sollte einem gelungenen Konzertwochenende in Raiding mit allem, was dazugehört, nichts im Wege stehen.

Bewegen wir uns nun aber wieder in die Moderne. Bei der Suche nach aktuellen Künstlern aus der Pop- und Rockszene stößt man bald an seine Grenzen (ein Umstand, der im nur knapp 4000 qkm kleinen Burgenland unvermeidbar ist). Vermutlich liegt es daran, dass die Adresse Burgenland für eine internationale Musikkarriere nicht unbedingt hilfreich ist. Man kann das ruhig als Ausdruck eines gewissen Minderwertigkeitskomplexes interpretieren, der der österreichischen Musikszene seit jeher anhaftet. Einzig Hansi Hölzl alias Falco hat sich von derlei psychologischer Selbstbeschränkung nicht irritieren lassen und, wenn auch nur für begrenzte Zeit, Weltruhm erlangt. Und Christina Stürmer hat zumindest

Deutschland erobert, was ja gar nicht so schlecht ist.

Im Crossover hat das Burgenland noch die Familie Stojka zu bieten. Der bereits erwähnten Volksgruppe der Roma (burgenländisch: Zigeina) zugehörig, denen ja einem Klischee zufolge die Musik im Blut liegt. Harri Stojka, ein begnadeter Jazzgitarrist, ist der bekannteste von ihnen.

Das »Problem« mit den Musikern im Burgenland – wie etwa der Band Garish – ist, dass sie fast alle nicht mehr dort wohnen, da sich das *kommerziell*, wie man in Österreich so schön sagt, *nicht ausgeht*. Aber Wien, wo der Kommerz wohnt, ist ja in Spuckweite, und so kann man, wann immer einen die Sehnsucht nach der pannonischen Tiefebene packt, diese im besten Fall in fünfundvierzig Minuten, im schlechtesten Fall in zwei Stunden erreichen.

Die bildenden Künstler haben es da schon leichter. Unter den zahlreichen Malern und Bildhauern sei Gottfried Kumpf erwähnt, pardon Professor Gottfried Kumpf natürlich, wir sind schließlich in Österreich. Der ist allerdings gar kein Burgenländer, sondern gebürtiger Salzburger, aber das macht nix. Der Österreicher, an und für sich nicht sehr flexibel, was die Wahl seines Heimatortes angeht – lieber pendelt er morgens eine Stunde zur Arbeit, als dass er seine gewohnte Umgebung und das mithilfe der Verwandtschaft errichtete und mithilfe von Raiffeisen finanzierte, bescheidene Eigenheim aufgäbe –, bringt in Ausnahmefällen tatsächlich mutige Exemplare seiner Art hervor, die es wagen, sich auf fremdes Terrain zu begeben, und die Herausforderungen eines Pionierdaseins fern der Heimatscholle auf sich nehmen. Und überhaupt: Im Buagenlaund is scheei(n) – wir wiederholen uns.

Ein Künstler, der ebenfalls nicht unerwähnt bleiben soll, ist Walter Schmögner, der als gebürtiger Wiener das Südburgenland zu seiner zweiten Heimat erkoren hat. Neben der Malerei und der Bildhauerei seien Schmögners Bücher und Buchillustrationen hervorgehoben. »Das Drachenbuch« etwa, mit dem deutschen Kunstbuchpreis ausgezeichnet und bei Kindern und Erwachsenen gleichermaßen beliebt, oder die Illustration und Gestaltung von »Mrs Beestones Tierklinik.« Schriftsteller wie Hermann Hesse oder Robert Walser begleitet seine Kunst ebenso wie Helmut Qualtinger, H. C. Artmann oder Barbara Frischmuth.

Zu guter oder in diesem Fall eher zu schlechter Letzt sei noch Otto Mühl erwähnt, der in den Sechzigerjahren gemeinsam mit den Künstlerkollegen Hermann Nitsch, Günther Brus, Adolf Frohner und Oswald Wiener die »Aktionskunst« entwickelte. Letzterer ist der Vater der bekannten Fernsehköchin Sarah Wiener. Zu einem Riesenskandal kam es im

Juni 1968, als bei einem von Mühl, Brus und Wiener organisierten Happening im Hörsaal 1 des neuen Institutsgebäudes der Wiener Universität neben »Pissaktionen« (ein Wetturinieren, bei dem der gewann, der am weitesten strullerte) Günther Brus seine Notdurft auf dem Katheder verrichtete. Künstlerische Aktion, pubertäres Rebellentum, das darf jeder selbst beurteilen.

Die »Gnade der späten Geburt« erlaubt den Autoren, nur eine Ahnung davon zu haben, wie viel Frust sich in den Köpfen kreativer Jugendlicher, und nicht nur in diesen, damals angestaut haben mag, als ihre Elterngeneration versuchte, sich aus der Verantwortung für den Genozid der Nazizeit zu stehlen, als Mittäter von einst wieder in hohe Ämter eingesetzt wurden und konservatives Repressalientum sich zu perpetuieren drohte. Vermutlich braucht die Menschheit immer einen Spiegel, und der muss vergrößern und verzerren, sonst begreift sie nichts. Zumindest das war den Rebellen der Sechziger aufs Trefflichste gelungen.

Der Wiener Aktionismus ist jedenfalls in die Kunstgeschichte eingegangen, Brus flüchtete von Wien nach Berlin, und Mühl gründete eine Kommune. Das Aufbrechen der Familienstruktur als auch heute noch ideologisch überhöhter kleinster Zelle des idealtypischen Staates und freie Sexualität beschreiben die Anliegen der Kommunarden zu oberflächlich. Der Friedrichshof im Burgenland bildete das Zentrum der Kommune, die zu ihrer Blütezeit bis zu 500 Mitglieder umfasste. Nach ersten Auflösungserscheinungen zog man 1986 auf die spanische Kanareninsel La Gomera. Doch irgendetwas muss schiefgelaufen sein im Kopf des Oberkommunarden Mühl. Nicht nur errichtete er von ihm geführte, hierarchische Strukturen, kam es zu eben den von den Achtundsechzigern vehement bekämpften Repressalien, sondern Mühl wurde auch – als trauriger Höhepunkt seiner Karriere – neben anderen Delikten sexueller Missbrauch an Kindern vorgeworfen. Seit 1998 lebt Mühl mit einer Gruppe Erwachsener und Kinder im portugiesischen Faro, wo er sich wieder verstärkt der Kunst widmet.

Ein nicht mehr wegzudenkender Faktor des Kulturlebens sind die Festspiele. Von Mörbisch und seinen Seefestspielen haben wir schon berichtet. Unglaubliche an die 200 000 Besucher zieht das Open-Air-Spektakel jährlich an die Ufer des Sees. Nun mag man über »Zarewitsch«, »Lustige Witwe« und Co. die Nase rümpfen, und irgendwann wird sich der Veranstalter vielleicht über ein zeitgemäßeres Repertoire Gedanken machen müssen. Aber noch ist es nicht so weit. Noch begeistern »Weißes Rössl« und »My Fair Lady« ihr Publikum. Und kurbeln die Wirtschaft an. Und zwar nicht zu knapp.

Allerdings stellt diese Art von Festspieltourismus alteingesessene Beherbergungsbetriebe vor neue Herausforderungen. Den Berliner Sommerfrischler, der vierzehn Tage Alpenrepublik bucht, wie in ebenjenem »Weißen Rössl« dargestellt, gibt es nicht mehr. Der Festivalbesucher bleibt eine Nacht oder höchstens ein Wochenende. Wer da nicht bereit ist, flexibel zu reagieren, dessen Zimmer bleiben leer. Und Mörbisch ist zwar das Zugpferd, aber es gibt daneben auch noch die bereits erwähnten Seefestspiele im nahe gelegenen alten Römersteinbruch St. Margarethen, die Haydn-Festspiele in Eisenstadt, das Opernfestival auf Schloss Tabor in Neuhaus am Klausenbach, die Burgspiele in Güssing oder den Klangfrühling auf der Burg Schlaining.

Traditionsreich ist das Jazzfest in Wiesen. Legenden wie Herbie Hancock, Gato Barbieri oder Ibrahim Ferrer sind dort aufgetreten, und die Autoren haben sich in ihrer Sturm-und-Drang-Zeit, mit Zelt und Schlafsack bewaffnet, per Anhalter aufgemacht, um diesen geheimnisvollen Ort der Klänge, auf den man damals durch das Radio aufmerksam gemacht worden war – Formatradio war noch nicht erfunden –, zu erforschen und dabei erste Erfahrungen mit biologischen Zigaretten und dem anderen Geschlecht zu machen. Die Kids von heute besuchen lieber das Nova-Rock-Festival in Nickelsdorf, bei dem sie dann von *Rammstein*, *Green Day*, *The*

Prodigy oder den *White Stripes* beschallt werden. Per Anhalter ist heute nicht mehr so in, aber vermutlich erleben sie dort das Gleiche wie damals wir.

Zurück ins schöne, beschauliche Städtchen Rust. Zurück zu den Giefings. Wir haben dank der Drehpause des »Winzerkönigs« zwei Zimmer ergattert. Werden gleich zu Beginn mit der neusten Winzersektkreation verwöhnt. Man schließt die Augen, hält den Kopf in die spätsommerliche Abendsonne und spürt das Prickeln im Hals. Und man freut sich auf das Ereignis des Abends. Hat man sich doch im Internet rechtzeitig Plätze in der ersten Reihe für das Konzert von Leonard Cohen im nur etwa drei Autominuten entfernten Römersteinbruch St. Margarethen bestellt. Erste Reihe musste sein. Zum einen, weil uns der alte Mann seit unserer frühesten Jugend musikalisch begleitet, zum anderen, weil wir uns nicht sicher waren und nach dem Konzert noch weniger sind, ob wir jemals wieder in den Genuss der immer noch erstaunlich festen, markanten Stimme kommen werden. Von »So Long Marianne«, »Suzanne«, »Bird on a Wire« über »First We Take Manhattan« bis zu »Hallelujah«. Alles wurde gespielt. Zwischendrin gab's immer wieder minutenlange Standing Ovations.

Als der alte Meister sich das erste Mal tänzelnd von der Bühne verabschiedet, überfällt uns ein leichter Schauer. Wie der Erich Giefing und wir uns danach bei einem feinen Fläschchen Roten gegenseitig bestätigen. Es war ein wehmütiger Schauer. Würden wir ihn je wiedersehen? Wir würden. Denn gleich darauf kam er ebenso fröhlich wieder auf die Bühne getänzelt, wie er abgegangen war, um den ersten Block der Zugaben zu beginnen. Insgesamt tat er das dreimal. Um am Ende des dritten Zugabenblocks, als alle Mitmusiker bereits ihre Instrumente verlassen hatten, zu sagen: »Let's do one more song, folks.« Da waren bereits über dreieinhalb Stunden vergangen. Hut ab. Im wahrsten Sinne. Der Mann ist eine lebende Verkörperung der Vision, dass man auch mit über siebzig noch eine ziemlich coole Sau sein kann. Sinnieren wir drei im giefingschen Weinkeller. Und ehe wirs uns versehen, hat der Erich schon die nächste Bottle geköpft.

Wie er »This Waltz« gespielt hat. Da war Cohen ganz Europäer. Was reden wir. Burgenländer war er natürlich. Diese jüdische, slawische Mischung. Ein Schuss Sinti und Roma dazu. Und spätestens bei »The Gypsy's Wife« war das allen Anwesenden im Steinbruch klar. Herrlich dieses melancholische Nachträumen. Jede Menge »Weißt du noch« und »Kannst du dich noch erinnern« hängen im Kellergewölbe. Bleiben dort und warten auf die nächsten Gäste, die an diesem magischen Ort den Erinnerungen nachhängen. Was der Rebensaft alles bewirkt.

In der Pause trafen wir jede Menge Bekannte. Der Wiener Kabarettist Thomas Maurer mit seiner Lebensgefährtin, der Kolumnistin Heidi List. Der Intendant des Haydnfestivals Walter Reicher. Der Direktor des Balanceresorts Stegersbach Manfred Kalcher. Und, und, und. Aus dem Burgenland, aus Wien und aus der Steiermark. Und man findet nichts dabei, ja meint, es sei das Normalste auf der Welt, ständig Leute zu treffen, die man aus seiner Vergangenheit kennt. Aber natürlich ist Wien, wo alle studiert haben, nicht weit und die Klientel, die Leonard Cohen zu ihren Stars zählt, ungefähr im gleichen Alter. Die Möglichkeit, jemanden zu treffen, mit dem man gemeinsam im Hörsaal geschwitzt oder im Wirtshaus politisiert hat, also relativ groß. Das ist der Vorteil, wenn man ein so kleines Land ist. Kann sicher manchmal auch ein Nachteil sein. Wir sind aber heute dank der cohenschen Gehirnwäsche auf »gnädig« gebürstet. Prosten hier dem einen zu – natürlich gibt's diverse Stände mit Ausschank der örtlichen Köstlichkeiten –, plaudern dort mit einer Bekannten aus lange vergangenen Studientagen. Gehört irgendwie zum Gesamtbild.

Auch die Ruhe und Gelassenheit, mit der sich die knapp sechstausend Konzertbesucher Richtung Ausgang begeben und den gut gefüllten Parkplatz verlassen, um dann im Stau durch die engen Gassen der nahen Dörfer nach Hause zu fahren, ist dem Umstand geschuldet, dass hier nicht Achtzehnjährige nach einem Pink- oder Gossip-Konzert so schnell wie möglich in den nächstbesten Club wollen, um die Nacht durchzumachen. Wir stauen nicht, da wir in die entgegengesetzte Richtung nach Rust wollen und der Erich natürlich die Schleichwege durch seine Weingärten kennt. Nebel ist aufgezogen. Der Herbst lässt grüßen. Ein Jahrhundertereignis, sagen wir. Das Konzert natürlich. Sollten Sie, geneigte Leserin, oder Sie, verehrter Leser, noch jüngeren Semesters sein, so seien Sie nachsichtig ob unseres Sentimentalitätsanfalls. Wenn Sie das nicht können, dann legen Sie rasch eine Cohen-CD ein und beobachten die Wirkung. Ein gutes Glas Rotwein dazu hilft.

Seele No. 3

Die unternehmungslustige Seele

»Die allerschönste Frucht meiner Gesundheit sehe ich in der Lust am Genuss.« Wohl wahr, Meister de Montaigne, wohl wahr. Die Gesundheit ist kein Selbstzweck, sondern sollte einzig und allein dazu dienen, sich den angenehmen Dingen des Lebens hingebungsvoll widmen zu können. Erst dann wird es gelingen, Balance und innere Ruhe zu finden. Behaupten wir. Sie sind nicht dieser Meinung? Dann schließen Sie jetzt das Buch und suchen sich irgendeinen »Wie werde ich in sieben Tagen glücklich«-Ratgeber. Oder besorgen Sie sich ein Ouijabrett.

Nicht doch! So war das nicht gemeint. Seien Sie doch nicht eingeschnappt. Kommen Sie lieber mit.

Jetzt ist was los hier in dem Buch. Aktivität ist angesagt. Aktive Wellness. Sie sind uns schon bis hierher gefolgt, da werden Sie doch jetzt nicht schlappmachen? Wir verraten Ihnen etwas: Die unternehmungslustige Seele des Burgenländers zeigt Ihnen auch, wie Sie, und sei es nur für ein Wochenende, mal richtig abtauchen können. Ruhe geben. Und sich verwöhnen lassen. Na, klingt gut, oder? Müssen Sie zugeben. Aber eins nach dem anderen.

Sie haben ja schon so allerhand erlebt auf Ihrer Suche nach den fünf Seelen unseres Burgenländers. Nun finden Sie, es wäre jetzt wieder einmal an der Zeit, etwas für den Körper zu tun. Sie Schelm haben natürlich längst gemerkt, dass wir Sie weder zum Canyoning oder Rafting noch zum Extremklettern oder Bungeejumping schicken wollen. Zugegeben – kurz haben wir dran gedacht. Kleiner Scherz. Natürlich kann man sich im Burgenland nach Herzenslust austoben. Für die eben genannten Sportarten besuchen Sie allerdings lieber die benachbarte Steiermark.

Dafür bietet sich das Burgenland nicht nur zum Segeln, Surfen und Schwimmen auf dem und im Neusiedler See, sondern vor allem als Radlerparadies an. Egal, ob Sie's gemütlich mit der ganzen Familie angehen oder ob Sie, wie ein Freund der Autoren und Radprofi, versuchen wollen, einmal *Burgenland Nord-Süd und retour* an einem Tag zu schaffen.

Geht, wenn man sich anstrengt. Muss aber nicht sein. Sie werden in jedem Fall auf Ihre Kosten kommen. Garantiert. Allerdings empfiehlt es sich, daran zu denken, dass Sie oft kilometerlang ohne nennenswerte zivilisatorische Einflüsse auskommen müssen. Aber als geübter Biker und vorausschauende Bikerin haben Sie ohnedies alles, was man so braucht, »on board«. Und im schlimmsten Fall holt jemand vom Hotel Sie und den gestrandeten Drahtesel wieder ab. Also alles halb so schlimm. Die Gegend um den Neusiedler See eignet sich übrigens auch hervorragend zum Inlineskaten, falls Ihnen das Radeln doch zu riskant vorkommt.

Da Sie das ostösterreichische Idiom nun schon einigermaßen beherrschen, kann es Ihnen passieren, dass Sie, wenn Sie Ohrenzeuge folgenden Dialogs bei einer Schiffsüberfahrt von Mörbisch nach Illmitz werden, fast jedes Wort verstehen.

Beteiligt: Zwei ältere Ehepaare in schrillbunten, hautengen Radfahrertrikots, geschmückt mit entsprechenden Helmen

Frau 1:
»Do drübn gibt's daun Gutschn, do kaunst da daun so bsundare Rindviecha anschaun, gö, Rudi?!«

(Da drüben gibt es dann Kutschen, da kann man
dann solche besonderen Rinder besichtigen.)
Rudi reagiert nicht, er fotografiert wie wild die
dem Fährboot hinterherfliegenden Möwen.

Frau 2:
» Wos gibt's do?«
(Was gibt es da zu sehen?)

Frau 1:
» Bsundare Rindviecha.«
(siehe oben)
Rudi deutet auf die Gruppe:
» Und do gibt's Rindviecha mit Höm.«
(Und hier gibt's Rindviecher mit Helm.)

Alle lachen.

Tatsächlich sehen ca. 90 Prozent der Schiffsreisenden
so aus wie die oben beschriebenen Ehepaare, und
vermutlich laufen auch die Dialoge so oder so ähnlich ab. Der Schmäh rennt, wie man in Österreich zu
sagen pflegt, und alle sind gut drauf. Dass das Ganze
mit einer gehörigen Prise Selbstironie gewürzt ist,
trägt ebenso zur entspannten Atmosphäre bei. Und
Selbstironie braucht man, wenn man sich freiwillig
in die von der Fahrradindustrie erfundenen Prob-

lemzonenverstärker zwängt. Die meisten Radler
haben das Pensionsalter längst erreicht oder stehen
kurz davor. Und sie genießen die Rentensicherheit
in vollen Zügen. Gut so. Das fördert ihre Gesundheit, entlastet somit die Krankenkassen, und die
Damen und Herren Pensionäre lassen auch einiges
an Geld in den zahlreichen Gaststätten rund um den
See.

Natürlich können Sie es noch gemächlicher angehen und einfach wandern oder in der etwas sport-
licheren Variante des Nordic Walking die heimische
Fauna nachhaltig erschrecken. Sei es im Leitha-
gebirge, sei es durch die Weinberge oder sei es durch
den Nationalpark Seewinkel, Wanderwege, gut aus-
geschildert, gibt es im wahrsten Sinn des Wortes
ohne Ende. Der Nationalpark Seewinkel gehört wie
das gesamte Neusiedlerseegebiet zum UNESCO-
Weltnaturerbe und erstreckt sich teils auf österrei-
chischem, teils auf ungarischem Staatsgebiet. Keine
Angst, hier sind keine k. u. k. (kaiserlich-königlichen)
Revanchisten am Werk gewesen, die die alte Monarchie Österreich-Ungarn wieder aufleben lassen
wollten, sondern es ist gemeinsam gelungen, eine
in Europa einzigartige Pflanzen- und Tierwelt in einer einmaligen Steppenlandschaft zu erhalten. Um
genau zu sein: ca. 200 qkm liegen auf ungarischer
und 100 qkm auf österreichischer Seite. Das sollte
für einen kleinen Ausflug zu Fuß oder mit einer der

zahlreichen Kutschen reichen. Zu sehen gibt es jedenfalls genug.

Für Freunde der Ornithologie hält der Naturpark besonders seltene Exemplare bereit. Großtrappen, Silberreiher, Löffler oder Bienenfresser. Immerhin über 300 Vogelarten gilt es zu entdecken. Auch allerhand nicht fliegendes Getier ist zu beobachten, die oben schon erwähnten Rindviecha – nämlich die ungarischen Steppen- oder Graurinder –, Fischotter, Seeadler, Ziesel, Steppeniltis oder Hamster. Wenn Sie es richtig ernst meinen und sich auf Konrad Lorenz' Spuren begeben wollen – zwar kein Burgenländer, aber dafür Nobelpreisträger, da sind wir nicht so kleinlich –, dann gibt es geführte Touren durch den Nationalpark.

Teilweise bilden sich im Umland des Sees kleinere Ableger. Gewässer, die einen sehr hohen Salzgehalt aufweisen. Auch der Neusiedler See selbst ist kein reiner Süßwassersee. Das werden Sie aber beim Schwimmen nicht merken.

Der österreichisch-ungarischen Monarchie wiederum begegnen Sie auf Schritt und Tritt. Auf beiden Seiten der offenen Grenze. Das herausragendste Gebäude ist natürlich das Schloss Esterházy in Eisenstadt, und wenn wir uns vielleicht in einem der vorderen Kapitel ein wenig despektierlich über die burgenländische Landeshauptstadt ob ihrer Größe oder besser Kleinheit oder wegen des überschaubaren Nachtlebens geäußert haben, so bitten wir bei Eisenstadt und seinen Bewohnerinnen und Bewohnern an dieser Stelle ausdrücklich um Vergebung. Kommt nicht wieder vor. Ehrenwort.

Das Schloss Esterházy ist einen Besuch wert. Erbaut wurde es im 13. Jahrhundert. Seine heutige barocke Pracht erhielt es im 17. Jahrhundert. Im Keller des Schlosses befindet sich ein Weinmuseum. Ob man dort dem Weingeist persönlich begegnen kann, wissen wir nicht. Käme auf den Versuch an. Die Esterházys selbst sind Land- und Forstwirte und besitzen vor den Toren Eisenstadts ein Weingut, das es sich schon wegen seiner Architektur anzuschauen lohnt. Wenn Sie's nicht so mit alten Gemäuern haben, setzen Sie sich gegenüber dem Schloss auf die äußerst einladende Terrasse des Cafés und genießen einen Espresso oder einen Aperol Spritz. Je nach Tageszeit.

Überhaupt begegnet man im Burgenland noch einer ganzen Reihe von Nachkommen adliger Familien aus der Zeit der Habsburgermonarchie. Grafen, Barone und Fürsten mit klingenden Namen wie Batthyány oder Mensdorff-Pouilly. Die meisten leben integriert in die kleinstädtischen oder dörflichen Strukturen. Verhaltensoriginelle Exemplare werden von den Einwohnern eher milde belächelt, aber ansonsten haben fast hundert Jahre Republik

Österreich die Aufklärung in diesem Bereich zumindest nicht verhindern können. Zu Beginn der neuen, von vielen als mühsam empfundenen Staatsform Demokratie, wurden zwar – und werden zum Teil immer noch – Politiker und hohe Beamte als eine Art Monarchenersatz betrachtet, und dementsprechend begegnet man ihnen mit vorauseilendem Gehorsam. Eine »Sportart«, die sich in ganz Österreich einer großen Beliebtheit erfreute und mancherorts immer noch erfreut. Es ist halt ein sehr langer Weg vom Homo untertaniensis zum aufrechten Gang mit Rückgrat und allem, was dazugehört. Im Übrigen gesellte sich in den letzten Jahrzehnten zum allmächtigen und daher stets zu hofierenden Beamten oder Lokalpolitiker noch das Spezialmodell »rechter Demagoge und Populist« dazu.

Weiter nördlich im Dreiländereck Österreich-Ungarn-Slowakei liegt der Naturpark Leithaauen. Die Leitha, ein Nebenfluss der Donau, bildet auf längerer Strecke die Grenze zwischen Österreich und Ungarn. Diese Grenze wurde am 27. Juni 1989 symbolisch vom damaligen ungarischen Außenminister Gyula Horn und seinem ehemaligen österreichischen Amtskollegen Alois Mock in der Nähe der Stadt Sopron mit einem Bolzenschneider durchtrennt. Durchlässig war die Grenze allerdings bereits zuvor. Vor allem im Süden fuhr man auf Güterwegen, deren eine Straßenseite ungarisches, die andere österreichisches Hoheitsgebiet war. Ganz ohne Stacheldraht. Bewacht von ein paar Wildschweinen, die nächtens gern mitten auf der Fahrbahn stehen. Was bei bis zu 170 Kilo blöd ausgehen kann. Für Ihr Fahrzeug und sogar für Sie.

Sollten Sie sich nicht allein auf die Reise gemacht haben, sondern im hinteren Teil Ihres Vans neben den drei Kindern auch noch Oma und Opa verstaut haben, so sei darauf hingewiesen, dass für alle Altersschichten Erbauliches und Erquickliches bereitsteht. Und sollten Sie trotz Anhang auch für sich ein paar Stunden Ruhe und Zweisamkeit brauchen, schicken Sie die Vorgänger- und die Nachfolgergeneration einfach zum Steinzeittöpfern oder zum Wandern mit Lamas. Sie werden sehen, spätestens beim Wettbewerb »Wer spuckt weiter, Opa oder Lama?«, wird auch Ihrem Nachwuchs eine unauslöschliche Urlaubserinnerung auf die Festplatte gebrannt.

Bei der Kräuterwanderung sollte man dann allerdings aufmerksam zuhören, da Selbstversuche zu Hause tödlich sein können. Wie man in der alljährlichen Bärlauchsaison unter »Lokales« immer wieder nachlesen kann.

Am Naturpark Geschriebenstein können Sie einen Baumwipfelweg begehen, also hoch oben in den Kronen auf A- und B-Hörnchens Spuren wandeln. Der Baumkronenweg ist übrigens ein Projekt, das insbesondere sehbehinderten Menschen das Erlebnis Natur nahebringen soll. Schwindelfrei sollten Sie dabei aber schon sein. Und eine gewisse Affinität zu Käfern oder Fledermäusen mitbringen.

Die Kids können sich auch als Müller betätigen. Das heißt, sie bekommen bei der Mühle am Fuße des Geschriebensteins einen Leiterwagen, müssen beim Bauern Getreide besorgen, das sie dann zur Mühle zurückbringen, um dort zu lernen, wie es in einer Wassermühle gemahlen wird. Wer weiß, vielleicht erinnert sich der eine oder die andere später einmal daran, hängt das Kunstgeschichtstudium an den Nagel und wird Müller oder Bäcker? Leider eher unwahrscheinlich. Zugegeben. Aber irgendwie ein reizvoller Gedanke. Und wenn das Ganze nur hilft zu verstehen, woher die Dinge des täglichen Bedarfs kommen.

Oma, Opa und die Kleinen können Sie aber auch nach Bernstein schicken. Der Ort ist unter Mineralogen berühmt für seinen grünen Serpentin und leitet seinen Namen von der Bernsteinstraße, also der alten Handelsstraße, her, auf der Bernstein von der Nord- und Ostsee in den Mittelmeerraum transportiert wurde. Im Felsenmuseum unmittelbar unter dem Marktplatz wird man darüber umfangreich aufgeklärt. Für etwa eine halbe Stunde kann man in die Welt des Bergbaus abtauchen. Zu guter Letzt zeigt eine kurze Filmvorführung, wie aus dem Edelserpentin die Gegenstände geformt werden, die man dann, wieder am Ausgangspunkt der kleinen mineralogischen Tour angelangt, erwerben kann.

Und was machen Sie, während die Kleinen Bäcker werden oder Mineningenieure oder eine Mischung aus allem? Sie fangen Schmetterlinge. Kein Witz. Zu diesem Behufe lassen Sie sich an der oben erwähnten Mühle ein Schmetterlingsnetz, eine Art Kescher zur Aufbewahrung der gefangenen Insekten, sowie eine Wegbeschreibung geben. Dann setzen Sie sich ins Auto und fahren etwa zehn Minuten durch eine sanfte Hügellandschaft. Und dann sehen Sie … erst mal nicht viel.

Natürlich haben Sie hier vom Hügelkamm aus einen wunderbaren Blick in Richtung Ungarn. Vor Ihnen fällt eine Wiese leicht den Hang hinab, übersät mit einer Vielzahl von Blumen in allen Farbnuancen. So ein Quatsch, denken Sie. Was mach ich hier eigentlich? Und ein Schmetterlingsnetz haben Sie zuletzt im Fernsehen gesehen. Bei Karl May oder so ähnlich. Wie hieß der noch mal, der da ziemlich bekloppt durch die Landschaft raste, während links und rechts von ihm unzählige Rothäute von Bleichgesichtern – oder umgekehrt – abgemurkst wurden? Eddie Arent hieß er, genau. Aber was hat der jetzt mit Ihnen zu tun? Geduld – in spätestens fünf Minuten wissen Sie es.

Da hat sich etwas bewegt. Etwas Gelbes. Ein Zitronenfalter? Langsam gewöhnt sich Ihr Auge daran.

Sie versuchen, ihn mit dem Netz im Flug zu erwischen. Weg ist er. Gar nicht so leicht. Noch einmal. Und noch einmal. Und plötzlich werden es immer mehr. Gelbe. Weiße. Violette. Und Sie springen. Drehen Pirouetten. Aber keiner will ihnen ins Netz gehen. Das Jagdfieber hat Sie gepackt und lässt Sie so bald nicht mehr los. Die Wiese entpuppt sich als wahre Schmetterlingsweide. Und Sie sind der Jäger. Für einen außenstehenden Beobachter sehen die Verrenkungen, die Sie da machen, ziemlich – sagen wir – seltsam aus. Aber das ist Ihnen jetzt gleichgültig. Sie wollen endlich so ein verdammtes Vieh in Ihren Kescher kriegen. Und noch eines und noch eines. Sie versuchen es mit einer neuen Methode: Warten, bis der Schmetterling gelandet ist. Anpirschen und zuschlagen. So. Das klappt schon besser. Den ersten hätten wir. Jetzt auch schon den zweiten. Während Sie den dritten aus dem Fangnetz in den Behälter schütteln, nehmen die beiden anderen Reißaus.

So geht das eine ganze Weile. Sie sind, ohne es bemerkt zu haben, am Fuße des Hügels angekommen. Erschöpft. Aber es hat Riesenspaß gemacht. Sie lassen natürlich alle Schmetterlinge wieder frei und stellen dann fest, dass Sie den langen Weg zu Ihrem Fahrzeug wieder hochgehen müssen. Macht nichts, denken Sie. Dieser kleine Ausflug ins eigene Urinstinktarchiv war richtig gut. Hätten Sie nicht gedacht? Probieren Sie's einfach. Außerdem können Sie sich nach so viel Bewegung ausgiebig der genüsslichen Seele des Burgenländers widmen. Ganz ohne Reue. Das Abenteuer eignet sich natürlich auch bestens für die Kinder. Für Senioren eher weniger.

So, jetzt endlich widmen wir uns den Burgen. Wär ja noch schöner. Erst Burgenland und dann keine Burgen besichtigen. Bernstein hat übrigens auch eine zu bieten. Das Kinderbespaßungsprogramm inklusive Foto in Ritterkostümen können Sie den einschlägigen Werbefoldern oder dem Internet entnehmen. Greifvögelschauen und Münzenprägen finden Sie dort.

Wahre Riesenburgen stehen in Lockenhaus und Forchtenstein. Steinerne Zeugnisse einer Zeit, in der nicht restriktive Zuwanderungsbestimmungen, Schlepperbanden oder vor Zuwanderung warnende xenophobe Rechtspolitiker das Problem waren, sondern in der es tatsächlich darum ging, Hab und Gut vor fremdem Zugriff zu schützen. Die Angst ist aber über die Jahrhunderte bei vielen Menschen die gleiche geblieben, und es wird wohl noch geraume Zeit vergehen, bis wir vom Besitzstandverteidigen endgültig zum solidarischen Teilen gelangen, sei es aus religiösen oder einfach nur humanistischen Motiven. Der Grund ist am Ende unwichtig – Hauptsache, es geschieht.

Merkens Sie etwas? Der böse Zauberer hat uns schon lange nicht mehr heimgesucht. So viel geballter, in Stein gehauener Geschichte hat auch er nichts entgegenzusetzen.

Die Burg Schlaining heben wir uns für später auf. Dafür besuchen wir die Burg Lockenhaus. Ein Prachtstück von Ritterburg. Erbaut wurde sie um das Jahr 1200. Im Jahr 1676 ging sie in den Besitz der Esterházy über. Die haben doch auch überall ihre Finger im Spiel, denken Sie? Stimmt. Zumindest, was den Adel und seine Geschichte im Burgenland angeht. Für die Dan-Brown-Fans unter Ihnen: Jüngste Forschungen sollen ergeben haben, dass die Burg einen Kultraum der Tempelritter beherbergte. Den Raum gibt es tatsächlich, und man meint eine Auffälligkeit darin erkennen zu können, dass seine Längsachse im Widerspruch zu den anderen Burgräumen steht. Auch soll hier das berühmte Turiner Grabtuch Jesu Christi nach seiner, wie soll man sagen, *Rettung* aus dem Heiligen Land zwischengelagert worden sein. Jede Menge Spekulationsmöglichkeiten für Anhänger des Okkulten also.

Wenn Sie kein solcher sind, können Sie ja noch in der Folterkammer vorbeischauen, wo Ihnen eine Eiserne Jungfrau freundlich entgegenblickt. Nein, keine ortsansässige, standhaft unverheiratet gebliebene Frau gehobenen Alters, die ihre kärgliche Pension mittels Burgführungen aufzubessern versucht,

146

sondern ein Hinrichtungsinstrument, bei dem der Delinquent in eine innen hohle Frauengestalt gestellt wurde, die sich dann durch zwei Flügeltüren schließen ließ. Mit dem für den Verurteilten äußerst unangenehmen Zusatz, dass sich an den Flügeltüren in Augen- und Herzhöhe etwa zwanzig Zentimeter lange, nach innen gewandte Eisenspitzen befanden. Man sieht, dass der Mensch, wenn es ums Töten ging, schon immer sehr einfallsreich war. Ebenso beim Foltern. Zahlreiche Gegenstände in der etwa fünf mal fünf Meter großen Kammer bezeugen, welche Mühe man sich beim Erfinden von Marterinstrumenten gemacht hat. Der strenge Geruch im Rittersaal lässt ahnen, dass hier immer noch hin und wieder ein Gelage mit am Spieß gebratenem Ochsen oder Spanferkel stattfindet.

Aber nicht nur Freizeitritter, die übrigens, sind sie des Essens und Trinkens müde, sich gleich in eins der zum Teil in der Burg selbst angebotenen Hotelzimmer fallen lassen können, kommen hier auf ihre Kosten, sondern auch Knappen und Jungfrauen, die sich dem Ritterspiel hingeben wollen – nein, nix Anzügliches –, können sich nach Herzenslust austoben. Und wenn dann alle friedlich in ihren Zimmern im Burghotel schlummern, erscheint ihnen vielleicht auch die »Blutgräfin« Elisabeth Bathory-Nadasdy. Die Gute soll rund 650 bäuerliche Jungfrauen gefoltert und, damit nicht genug, sie anschließend mit der beschriebenen Eisernen Jungfrau ins Jenseits befördert haben. Zweck der Übung? Sie leitete das Blut der unglücklichen Mädchen in eine Badewanne um und gedachte durch die dem jungfräulichen Blut innewohnenden Kräfte zu ewiger Jugend und Schönheit zu gelangen.

Hat nicht funktioniert. Zum Glück gibt's heute die moderne plastische Chirurgie, denn wer weiß, was so mancher »Spritzlippe« so alles einfallen würde. Fies. Wir wissen. Aber die Grundidee ist dieselbe, oder?

Und nun Mittelalter ade. Nachdem Sie inzwischen auf Du und Du mit dem Rebensaft stehen, also mehr als Rot und Weiß voneinander unterscheiden können und wissen, dass St. Laurent keine Wallfahrtskirche, sondern eine herrliche Rebsorte aus der Burgunderfamilie ist und Zweigelt und Blauburger Ihnen bereits ebenso geläufig sind, wie Welschriesling und Grüner Veltliner, ist es Zeit, sich einem Urlaubsvergnügen der besonderen Art hinzugeben.

Dem Urlaub im Wein.

Was ist das?

Keine Angst. Nicht, was Sie vielleicht denken. Folgen Sie uns. Auf unasphaltierten Straßen nähern wir uns den Weinbergen. Geduckte, strohgedeckte Gebäude, in den Hang gebaut. Weiß gekalkte Mauern. Türen aus Ästen geflochten. Und links und

rechts die Rebstöcke. Im Untergeschoss der Erd-
keller hält sommers wie winters eine konstante Tem-
peratur. Das Obergeschoss besteht meist – das hatten
wir Ihnen schon erzählt, wiederholen es aber sicher-
heitshalber noch einmal – aus einem Hauptraum,
in dem sich früher der schwere, drei bis vier Meter
lange Pressbalken und die Weinpresse befanden.
Links und rechts davon lagen die karge Wohnküche und ein Wirtschaftsraum. Heute befindet sich
dort eine gemütliche Sitzecke oder ein Eichen-
tisch. Ein offener Kamin. Ein Weinregal. Der Wirtschaftsraum ist zu einem Schlafzimmer umfunktio-
niert. Der Raum unter dem Dach zu einer Galerie.
Ebenfalls zum Schlafen. Ein kleines Bad. WC. Alles
da, was man zum Urlaub im Wein braucht.

Wenn Sie es möchten, werden Sie betreut wie im
Hotel. Wenn nicht, lässt man Sie in Ruhe. So lange
Sie wollen. Die Gelassenheit und den Mut zur Ein-
samkeit bringen Sie mit oder lernen Sie dort. »Lear-
ning by doing nothing« sozusagen. Wobei »nothing«
nicht ganz stimmt. Sie entdecken längst verschollen
geglaubte Talente. Fischen den Zeichenblock hervor und beginnen Rebstöcke zu skizzieren oder die
Nachbarweinkeller. Sie haben Ihre alte Gitarre ein-
gepackt oder die Querflöte. Nur Mut. Kein Mensch
weit und breit, der Sie hören könnte. Die paar Wie-
dehopfe oder Wachteln, die Sie beobachten, ignorieren Sie ganz einfach.

Zeit für ein Gläschen Uhudler-Frizzante? Passt hervorragend zum frisch gebackenen, alle bisher gekannten Dimensionen sprengenden Gugelhupf. Die Sonne verschwindet langsam hinter den Hügeln. Sie drehen noch eine kleine Weinbergrunde. Eine Rehgeiß glotzt Sie irritiert an, bevor sie mit ihren Kitzen im Unterholz verschwindet. In der Ferne hören Sie das Geräusch eines Traktors. Nur ganz kurz, dann herrscht wieder Stille. Noch nicht die vollkommene, die absolute, die eintritt, wenn der Weinberg schläft. Sie bekommen Appetit und freuen sich auf die kalte Jause (= Brotzeit). Geräuchertes, frisches Bauernbrot, Ziegenkäse. Es wird rasch dunkel und ein paar überdimensionale Flugbrummer, die Sie ohne Insektenbestimmungsbuch nicht zuordnen können, besuchen kurz die Petroleumlampe. Dann ist es still. Aber so richtig. Der Himmel ist übersät mit Sternen. Mehr, als Sie von zu Hause kennen, denken Sie. Liegt es an der Seehöhe? Sie beobachten eine der vielen Sternschnuppen, die über den nächtlichen Himmel rasen. Ganz kurz nur, aber in einer ungewohnten Häufigkeit. Wenn Sie wollen, dürfen Sie kurz die Augen schließen und sich was wünschen. Dass es in Erfüllung geht, können wir aber nicht garantieren.

Irgendwann lüpfen Sie das Moskitonetz und legen sich mit dem wohligen Gefühl zum Schlafen, endlich über Seite 87 im »Ulysses« hinausgekommen zu sein, erste, noch etwas holprige Bleistiftskizzen der alten Weinkeller zu Papier gebracht zu haben und auf der seit hundert Jahren nicht mehr angerührten Gitarre Ihr Repertoire, das bisher ausschließlich aus »House of the rising sun« bestand, erweitert und sich, bereits mutiger, an »Suzanne« oder »Moonshadow« herangewagt zu haben. Und dann träumen Sie vom süßen Nichtstun im Weinberg.

Aber Vorsicht, falls Sie aus irgendwelchen Gründen früher aus den Federn wollen, dunkeln Sie Ihr Zimmer nicht ganz ab. Sonst kann es sein, dass Sie sich am nächsten Morgen um neun Uhr noch einmal genüsslich zur Seite drehen und einfach weiterschlafen. Aber dazu ist er ja schließlich da, der Urlaub im Wein.

Ziemlich im südlichsten Zipfel des Burgenlandes in der Nähe des Flusses Raab liegt der Ort Mogersdorf. Sagt Ihnen nichts? Sollte es aber. Wir begeben uns auf einen Hügel, hinter uns ein Mischwald. Ein Hochsitz und vor uns Felder und Raine, die sich bis zum Fluss Raab hinziehen. Es ist früh am Morgen. Leichter Nebel liegt über dem Tal. Wir schließen die Augen und hören? Schlachtlärm. Nachdem das fast 100 000 Mann starke Heer des Großwesirs Ahmet Köprülü die Habsburger in Ungarn empfindlich geschlagen hatte, um sich daraufhin zunächst nach Belgrad zurückzuziehen, startete der türkische

Feldherr eine weitere Angriffswelle gegen das Groß-
reich im Nordwesten.

Sie sehen ein großes Zeltlager auf der anderen
Flussseite. Bunte Fahnen und Wimpel. Halbmonde.
Soldaten beten vor dem Kampf. Fast 50 000 Mann be-
reiten sich auf die bevorstehende Schlacht vor. Unter
Ächzen und Stöhnen werden Kanonen in Stellung
gebracht. Es herrscht ein aufgeregter, erwartungsvol-
ler, angstdurchmischter Lärm. Mittlerweile formie-
ren sich zu Ihren Füßen die kaiserlichen Truppen.
Der Heerführer Raimondo Montecuccoli reitet hoch
zu Ross die Stellungen seiner Soldaten ab. Aus den
Nüstern der Pferde dampft es. Nervös treten sie von
einem Bein auf das andere. Befehle werden gerufen.
Eisen klirrt auf Eisen. Die Soldaten helfen sich gegenseitig, die Brustpanzer anzulegen. Auch auf dieser Flussseite werden Kanonen in Stellung gebracht.
Neben allerlei österreichischen Dialekten verneh-
men Sie Bayerisch, Schwäbisch, Fränkisch und selbst
Niedersächsisch. Verstärkung aus all diesen Fürsten-
tümern ist rechtzeitig eingetroffen. Auch ein Hilfs-
korps der französischen Armee mischt sich unter die
Truppen.

Am Morgen des 1. August 1664 singt kein Vogel.
Kein Reh und kein Hase ist auf der Suche nach
der ersten Mahlzeit des Tages. Dann geht ein Ruck
durch die Zeltstadt in der Ferne. Mit lautem Ge-
schrei überqueren die Türken mit rund 12 000 Mann

die Raab und greifen das nun auf fast 25 000 Mann angewachsene Heer der Habsburger und ihrer Verbündeten an. Über 10 000 türkische Soldaten sollen bei dem Kampf ihr Leben verloren haben. Der Schlachtenlärm ist weithin über das Tal zu hören. Menschen und Tiere schreien. Aus Angst und Verzweiflung und vor Schmerzen. Sie können den Pulverdampf bis hinauf zu Ihrem sicheren Aussichtsposten riechen. Ein mörderisches Gemetzel. Abendland gegen Morgenland. Halbmond gegen Kreuz. Wie schon so oft in der Geschichte zuvor, seit die Kreuzritter sich aufmachten, den nahen Osten zu christianisieren. Nun folgt die Revanche. Das Osmanische Reich will in den Westen vordringen. Doch die Phalanx der Verbündeten ist zu stark. Zum ersten Mal in offener Feldschlacht wird die türkische Armee geschlagen. Sie zieht sich zurück, um rund zwanzig Jahre später erneut den weiten Weg nach Westen zu suchen und erst vor den Toren Wiens Halt zu finden.

Das war die zweite Türkenbelagerung. Zu Hilfe kamen den Habsburgern damals die Polen, und die Schlacht am Kahlenberg setzte den osmanischen Expansionstrieben ein Ende. Ein ziemlich blutiges.

Doch dort, wo Sie jetzt sitzen, an diesem jetzt so friedlich vor sich hin dämmernden Ort, wurde europäische Geschichte geschrieben. Und die Türkenbelagerung hat uns der Legende nach immerhin

den Kaffee und das Kipferl (= Croissant = Halbmond) beschert. Ein Schauer läuft Ihnen über den
Rücken. Obwohl die Sonne sich an diesem Morgen
schon kräftig bemerkbar macht, frösteln Sie. Vielleicht beunruhigt Sie aber auch nur der Gedanke,
dass es uns in den letzten fast vierhundert Jahren
nicht gelungen ist, diesen Konflikt – Morgenland
gegen Abendland und umgekehrt – zu lösen, von
dem Sie ahnen, dass er noch viel Leid über die Menschen bringen wird.

Nachdenklich verlassen Sie Ihren Beobachtungs-
posten, und Ihr Blick fällt auf kleine sanfte Hügel
hinter Ihnen im Wald. Einer, zwei, drei. Das Auge
gewöhnt sich langsam daran, und plötzlich zählen
Sie zehn, fünfzehn kleine Hügel. Bewachsen mit
Gestrüpp manche, bedeckt von etwas Gras und dadurch gut sichtbar andere. Haben wir uns eben noch
im 17. Jahrhundert befunden, katapultiert uns die
Schleuder der Geschichte urplötzlich zurück in das
erste und zweite Jahrhundert nach Christus. Nach
und nach wird ein antiker Friedhof sichtbar. Manche
der Hügelgräber sind beschildert und nennen die
Namen der Römer, die hier begraben sind. Ruhe
ist eingekehrt. Auf dem imaginären Schlachtfeld
ebenso wie im Wald. Doch es ist eine andere Ruhe
als zuvor. Eine friedliche Stille. Durchbrochen nur
von einer Schar Rebhühner, die durchs Unterholz
bricht, einem Eichhörnchen oder einem Fuchs, der

auf Beute aus ist und, als er Sie sieht, sofort das Weite sucht.

Was mögen das für Menschen gewesen sein, denken Sie, die vor fast zweitausend Jahren den Weg ins Unbekannte gegangen sind und hier ihr Leben beendet haben?

Etwas weiter nördlich, etwa eine dreiviertel Autostunde entfernt, können Sie nochmals ein paar Hundert Jahre in der Geschichte zurückgehen. Dort ragen keltische Hügelgräber auf – zehn, fünfzehn Meter hoch – pyramidengleiche Zeugen vergangener Kulturen.

Achtung – Themenwechsel: Jetzt wär es aber mal Zeit zum Shoppen, denken Sie. Also ganz ehrlich, wenn Sie so richtig, echt, wirklich *shoppen* wollen, fahren Sie nach Wien oder nach Graz. Klar finden Sie in den größeren Städten alles, was es bei Ihnen zu Haus auch gibt. Meistens zumindest. In der Fußgängerzone in Eisenstadt gibt es vielleicht sogar den einen oder anderen Laden, der Handtaschen oder Kleider hat, die etwas exklusiver daherkommen. Da kennen wir uns jetzt nicht so ganz wirklich aus. Zugegeben. Was es allerdings gibt, und zwar flächendeckend, sind die kleinen Bauernläden, in denen sich ganz sicher das ein oder andere echte Mitbringsel finden lässt. Bäuerliches Handwerk neben spannenden Öl- und Essigkreationen. Deftiges vom Schwein und Würziges von der Ziege. Solche Dinge lohnen sich.

Daneben findet sich allerlei Krimskrams, der authentisch ist oder sich manchmal nur bemüht, Authentizität auszustrahlen. Da sich aber über Geschmack nicht streiten lässt, überlassen wir eine Beurteilung des Angebots Ihrem erlesenen selbigen.

Kleiner Exkurs: »Die schöne Burgenländerin«

»Drunt im Burgenland steht ein Bauernhaus ganz hübsch und fein.
Drin wohnt ein Mägdelein, sie soll mein Eigen sein, die schöne Burgenländerin.
Einmal kommt der Tag, wo man Hochzeit macht im Burgenland.
Sie ist mir anvertraut, sie ist ja meine Braut, die schöne Burgenländerin ... «
(Burgenland-Lied)

Langsam bummeln wir hinter einem Van her. Mehr als bummeln ist auf den kurvenreichen Landstraßen ohnedies nicht drinnen. »Wir Burgenländerinnen« lesen wir auf einem Aufkleber. An der nächsten Kreuzung dann der volle Text: »Wir Burgenländerinnen fahren besser«. Nun gut, das behauptet fast jeder, der sich motorisiert fortbewegt. Aber an dieser Stelle muss gesagt werden, dass die Burgenländerin, von der ein Volkslied ja zu berichten weiß, dass sie eine »Schöne« sei, neben Winzern und Kochen noch einiges mehr draufhat.

Wenn Sie uns nun klischeehaftes Machogehabe vorwerfen, nur weil wir rein zufällig und ohne irgendwelche wie auch immer geartete Absicht, auf höchst subtile Art und Weise also, das allgemeine Thema Frauen dem speziellen Thema Shoppen nachgestellt haben, so weisen wir das aufs Schärfste und mit dem Ausdruck höchster Empörung zurück.

Und so ganz einfach lassen sie sich auch nicht mehr zu eigen machen, wie es der Text des Volksliedes glauben machen soll. Aber ein bissel Macho steckt ja fast in jedem Volkslied. Doch wir verlassen diesen volkskundlich sicher schon hinreichend beleuchteten Pfad ganz schnell und wenden uns der Burgenländerin von heute zu. Nicht wenige Repräsentantinnen des weiblichen Geschlechts mischen in der Landespolitik kräftig mit. Allerdings ist die fünfzigprozentige Frauenquote noch nicht einmal zur Hälfte erfüllt. Frauen, denen das Land wegen seiner Größe (oder besser Kleine) keine adäquaten Berufsmöglichkeiten bieten kann, die gehen nach Wien, zum ORF (Österreichischen Rundfunk) beispielsweise, oder gleich ins Ausland. Sogar nach Hollywood. Wie die Eisenstädterin Maria Perschy, die ihren Durchbruch an der Seite von Rock Hudson in »Ein Goldfisch an der Leine« schaffte. Später spielte sie an der Seite von Christopher Lee in »Die Folterkammer des Dr. Fu Man Chu« oder mit Heinz

Erhardt und Trude Herr in »Immer diese Autofahrer«, um nur ein paar ihrer vielen Filme zu erwähnen.

Vermutlich ist es in der Großstadt etwas einfacher, in Männerdomänen einzubrechen, als auf dem Land. Denn bei aller Aufbruchstimmung und Liberalität, hat es Frau dort, wo jahrhundertelang der Herr im Haus regierte, noch immer ziemlich schwer. Umso erstaunlicher ist es, dass gerade im Bereich der Winzerei die Zahl der Önologinnen permanent steigt. Und mit erlesener Qualität punktet. Wie zum Beispiel die »11 Frauen und ihre Weine«. Nicht alle kommen aus dem Burgenland, aber gemeinsam ist ihnen allen die Idee, dass ein loser Verbund sie stärker macht und ein ständiger Austausch über Produktion, Qualität und Philosophie des Weines jeder Einzelnen bei ihrer Arbeit weiterhilft.

Der aus Oberpullendorf stammenden Autorin Jutta Treiber wiederum gelang es, dass ihre Kinder- und Jugendbücher nicht nur mehrfach ausgezeichnet, sondern auch in zwanzig Sprachen übersetzt wurden.

Diese herausragenden Persönlichkeiten sind leider noch die Ausnahme. Die Statistik sagt, dass die Frauenerwerbsquote im Burgenland bei ca. 67 Prozent liegt. Barrieren bestehen oft durch mangelnde Mobilität. Das Auto als individuelles Verkehrsmittel benutzen hauptsächlich – richtig: die Männer. Und öffentlicher Verkehr mit starren Fahrplänen von und zum potenziellen Arbeitsplatz und familienfeindliche Arbeitszeiten erschweren den Frauen die Berufstätigkeit zusätzlich. Da gibt's also noch einiges zu tun für die Landespolitiker(innen). Bleibt zu hoffen, dass sich die Frauenquote stetig und sicher den 50 Prozent nähert. Und dass die Burgenländerinnen ihr Schicksal, das sie mit Leidensgenossinnen überall teilen, selbst in die Hand nehmen, wenn sie nach erfolgter Aufzucht und Pflege des hoffnungsfrohen Nachwuchses oder schon währenddessen wieder ins Erwerbsleben zurückwollen (oder müssen). Hier bildet freilich das Burgenland keine Ausnahme. Die Probleme sind überall dieselben. Aber ein so kleines Land hätte die Chancen, hier Vorreiter zu spielen.

Frauen, wie die aus Stegersbach stammende Sozialwissenschaftlerin Edit Schlaffer, die zusammen mit ihrer amerikanischen Kollegin Cheryl Benard wesentlich zur wissenschaftlichen Aufarbeitung der Geschlechterproblematik beigetragen hat, haben das Fundament für einen solchen Aufbruch geschaffen.

Vielleicht kennen Sie, kluge Leserin, aufmerksamer Leser, ja noch weitere tüchtige und erfolgreiche Burgenländerinnen? Dann schreiben Sie uns! Und weil wir uns nun so schön mit der Burgenländerin auseinandergesetzt haben, gibt's als »Gegen-

gewicht« noch ein Spezialrezept von uns. Krautfleckerl. Wir Männer können nämlich auch kochen.
Jawohl.

Zum Selbermachen 7

Krautfleckerl

Zutaten für 4 Portionen:
200 g Fleckerl (das sind ca. 5 cm lange Bandnudeln)
600 g Weißkraut
150 g Zwiebel
60 g Kristallzucker
8 EL Öl oder Schmalz
Salz, Pfeffer, Kümmel, Brühe
(egal, ob Rind oder Gemüse)

Kraut halbieren. Strunk entfernen und den Rest in ca. 5 cm lange fingerdicke Streifen schneiden. Öl / Schmalz erhitzen, Zucker beigeben, karamellisieren lassen, würfelig geschnittene Zwiebel dazugeben und mitrösten lassen. Kraut dazugeben, ebenfalls kurz mitrösten lassen, mit etwas Brühe aufgießen, einkochen lassen sodass das Kraut noch kernig ist. Mit Salz und Pfeffer abschmecken. Etwas Kümmel dazu.

| 160

Die Nudeln in reichlich Salzwasser nicht zu weich kochen, abseihen und unter das Kraut mischen. Beim Anrichten noch einen Klacks Sauerrahm obendrauf. Richtig burgenländisch wären allerdings Staubzucker (Puderzucker) und Pfeffer. Geschmackssache.
Wer's gern deftiger mag, kann mit den Zwiebeln auch noch Speckwürfel mitrösten.

Mahlzeit!

Weinempfehlung: Grüner Veltliner. Eigentlich eher ein typischer Niederösterreicher, gibt's mittlerweile aber auch im Burgenland schon ganz feine.

Zu Beginn des Kapitels haben wir Ihnen versprochen, dass die unternehmungslustige Seele durchaus auch Phasen der Ruhe, der Besinnlichkeit und der inneren Einkehr kennt. Eine Variante, den Urlaub im Wein, haben Sie bereits kennengelernt.

Aber stellen Sie sich vor, es hat draußen minus zehn Grad. Die kann's im Burgenland durchaus kriegen. Eisblumen an den Fensterscheiben. Ein eisiger Wind sorgt für Schneeverwehungen. Und Sie? Sie legen den Bademantel ab, tauchen in das wohlig warme Thermalwasser ein, durchschwimmen die

Schleuse ins Freie und sehen den klaren Sternen-
himmel über sich.

Das Wasser um Sie herum dampft. Die indirekte
Beleuchtung lässt es aussehen, als waberten die Nebel
von Avalon über Sie hinweg. Sonst ringsum stock-
dunkle Nacht. Kurz tauchen Sie mit dem Ober-
körper aus dem Wasser. Ganz rasch. Einfach, um
das Gefühl zu erleben, wie die klirrende Kälte nach
dem Wiedereintauchen ins wärmende Wasser Ihre
Haut zum Prickeln bringt. Und weil es so schön war,
gleich noch mal.

Burgenland ist Bäderland.

Die meisten Thermen befinden sich im Süden.
Und stellen einen wunderbaren Anreiz dar, das Burgenland zu jeder Jahreszeit zu besuchen. Für besonders Eilige bietet sich die kürzlich eröffnete Therme
St. Martin im nördlichen Burgenland an. Für Eilige
deshalb, weil das Resort von Wien in einer knappen
Stunde mit dem Shuttle erreichbar ist.

In diesen Thermen zeigt der Burgenländer nicht
nur seine unternehmungslustige Seele, sondern auch
die genüssliche. Sie können sich rund um die Uhr
verwöhnen lassen. Massagen. Ayurveda. Peeling,
Schlammpackungen. Das volle Programm.

Und wer es exquisit mag, dem sei das Balance Resort Stegersbach ans Herz gelegt. Der Chef Manfred
Kalcher hat das Haus zu einem Wohlfühltempel gemacht, der international seinesgleichen sucht.

Nun sind Sie geistig und körperlich gefestigt? Innerlich stabil? Im Gleichgewicht? Dann lassen Sie uns auch mutig in die abgründige, die finstere Seele des Burgenländers schauen. Wo Licht ist, da ist Schatten. Und in der Geschichte eines Landes gibt es meist besonders lange Schatten. Auch wenn es manchen Schlussstrichziehern nicht passen sollte, wir müssen uns damit auseinandersetzen, ob wir wollen oder nicht. Und das tun wir jetzt.

Seele No. 4

Die dunkle Seele

»Es ist die kleine Welt, in der die große ihre Probe hält.« Oh, wie recht Herr Hebbel doch hatte. Aber alles der Reihe nach.

Die Autoren erinnern sich nur zu gut, wie sie seinerzeit als Studenten in Wien hitzige Debatten darüber führten, dass sich der rechtspopulistische Jörg Haider, geistiger Ziehvater des Neo-Faschismus in Österreich, mit markigen Sprüchen gegen Ausländer und für tapfere SS-Männer, die charakterfest ihre Pflicht erfüllt hätten, anschickte, eine bestimmende Kraft in der österreichischen Innenpolitik zu werden. Vizekanzler etwa. Für viele Kommilitonen damals unvorstellbar.

Knapp ein Jahrzehnt später schaffte ebendieser Jörg Haider mit seiner damaligen Partei, der FPÖ (Freiheitliche Partei Österreichs), die inhaltlich aber auch schon gar nichts mit der FDP zu tun hatte und hat, den zweiten Platz bei den österreichischen Nationalratswahlen. Der Nationalrat ist die gesetzgebende Körperschaft in Österreich, vergleichbar mit dem deutschen Bundestag. Ein gewisser Wolfgang Schüssel wurde mit seiner ÖVP (Österreichische Volkspartei – das Pendant zu CDU/CSU) Dritter, nutzte allerdings geschickt den damals in Österreich noch herrschenden Grundkonsens, dass man die extreme Rechte qua demokratischer Legitimation zwar zu dulden hatte, höchste Ämter im Staat aber, sofern diese von tagespolitischer Relevanz und vor allem von einer bestimmten Außenwirkung geprägt waren, der *Dritten Kraft im Lande*, wie das Sammellager der ehemaligen Nationalsozialisten nach 1945 verniedlichend genannt wurde, verwehrt blieben. Schüssel versprach Regierungsbeteiligung und wurde mithilfe der FPÖ Kanzler. Dies verschaffte der Partei um Jörg Haider staatspolitische Bedeutung und dadurch Zugang zu vielen wichtigen öffentlichen Einrichtungen. Posten und Ämter für rechte Recken waren in Sicht, wenn auch nur bei Verzicht Haiders auf ein hohes Staatsamt.

Er zog sich als Landeshauptmann nach Kärnten zurück, was er bis zu seinem Tod im Jahr 2008, verursacht durch einen selbst verschuldeten Unfall, alkoholisiert und mit überhöhter Geschwindigkeit, auch blieb. Nicht wenige treue Fans des Alkorasers glauben übrigens immer noch wahlweise an eine Mossadverschwörung, den CIA oder zumindest UFOs, die den Unfall fingiert und den Superstar getötet hätten. Irgendjemand muss es ja getan haben.

Das Wälzen von Verschwörungstheorien ist übrigens ein sehr beliebtes Gesellschaftsspiel an Österreichs Stammtischen. Nicht nur, aber auch im Burgenland. Das böse, von gewissen Kräften an der Ostküste (gemeint sind die USA und dortige jüdische Organisationen) manipulierte Resteuropa beschloss damals sogenannte Sanktionen gegen das noch junge EU-Mitglied. So etwas regt die österreichische Seele natürlich auf, und ungeachtet der politischen Ausrichtung, mit Ausnahme der Grünen, sah man sich zu einem nationalen Schulterschluss gegen die »Vernaderer« (= Anschwärzer) im Ausland und die Nestbeschmutzer im Inland genötigt.

Eine reflexhafte Reaktion, zu der der Österreicher immer neigt, wenn Kritik von außen kommt. Schon gar kein Recht dazu hat der Piefke. So bezeichnet man von jeher bundesdeutsche Bürger, egal ob sie aus Berlin, Köln oder Stuttgart stammen. Nur die Bayern sind keine Piefkes. Sondern Bayern eben. Sollten sie uns aber kritisieren, sind auch sie Piefkes. Bayerische halt.

Wie Fred Sinowatz schon sagte: Es ist eben alles sehr kompliziert.

Die erwähnten Sanktionen nun beschränkten sich auf eine internationale Beobachterkommission und einige Staatsmänner, die offizielle Reisen nach Österreich zunächst nicht antraten. Übrigens geschah Ähnliches, als der ehemalige UNO-Generalsekretär Waldheim, der sich nicht mehr so genau an seine Vergangenheit als Wehrmachtsoffizier auf dem Balkan erinnern konnte, zum österreichischen Bundespräsidenten gewählt worden war. Damals war die SPÖ (Sozialdemokratische Partei Österreichs) unter dem Burgenländer Fred Sinowatz eine treibende Kraft hinter den politischen Aktivitäten gegen Waldheim. Als sich dann auch noch der *World Jewish Congress* unter seinem damaligen Präsidenten Bronfman einschaltete, war die Wahl zum Bundespräsidenten für das ehemalige Mitglied einer NS-Reiterstaffel »a gmahde Wiesn« – also ein Selbstläufer. Einmischungen vom Ausland, und noch dazu von jüdischen Organisationen, führen hierzulande zwangsläufig zu patriotischen Zusammen- und meist zu Kurzschlüssen. Die Politiker wissen um diesen Mechanismus, und vor allem die Rechtspopulisten setzen ihn immer wieder gezielt ein, um diffuse Ängste der Österreicher zu schüren oder virtuelle Bedrohungsszenarien zu entwerfen.

Langsam hat sich etwas verändert im Land. Ein Mitglied des Parlamentsklubs der österreichischen Volkspartei und damaliger Nationalratspräsident hat den von ihm erfundenen Verfassungsbogen so lange gedehnt und angehoben, bis die Nationalen gemütlich darunter durchspazieren und es sich im Schoß der parlamentarischen Immunität gemütlich machen konnten. Eine Generation von Jungwählern wuchs und wächst im Bewusstsein auf, dass rechts zu sein schon irgendwie OK ist. Schließlich saßen und sitzen die Damen und Herren Rechtsextremisten im Parlament, bekleideten und bekleiden höchste Ämter im Staat, und jede braune Absonderung aus dieser Ecke wurde und wird sofort lächelnd dementiert, heruntergespielt, verniedlicht. Neonaziausritte werden mit einem Augenzwinkern als Lausbubenstreiche abgetan. Die Botschaft an die eigene Klientel, da kann man beruhigt sein, ist angekommen. Man braucht nur ein »Aber das war doch gar nicht so gemeint« oder in der etwas verschärfteren Form: »Wir wurden falsch (oder aus dem Zusammenhang gerissen) interpretiert« nachzuschieben. Oder, was unter Haider zur Perfektion getrieben wurde, auch wenn es noch so viele Augen- und Ohrenzeugen gab, es wird schlicht alles abgestritten.

Nach dem Motto: Es kann nicht sein, was nicht sein darf.

Ein traditionelles Kleidungsstück der Burgenländerin ist das Kopftuch. Bei Wind und Wetter, Regen und Sonnenschein wird dieses vor allem bei der betagteren weiblichen Landbevölkerung so beliebte Accessoire getragen. Bei religiösen Feiern, wie etwa an Ostern, strömen Heerscharen von Kopftüchern der örtlichen Kirche zu, sofern es noch einen Pfarrer gibt, der diese betreuen kann. Umso erstaunlicher ist es, dass ein nicht unbeträchtlicher Teil des Nachwuchses der derart geschmückten Weiblichkeit die extrem rechten Parteien, wie eben die FPÖ oder das von Jörg Haider gegründete BZÖ (Bündnis Zukunft Österreich), wählt. Bei der Wahl zum Nationalrat im Jahr 2009 waren das immerhin über 28 Prozent. Die Kärntnerinnen und Kärntner verehren ihren verstorbenen Landeshauptmann Jörg Haider immer noch wie einen Messias. Die Gebrauchsanweisung für das südlichste Bundesland Österreichs, Kärnten, muss zwar noch geschrieben werden, aber sie dürfte ein paar interessante Einblicke geben.

Doch zurück ins Burgenland und zu den beiden genannten Parteien. Die finden nämlich das Kopftuch gar nicht schön. Aber nur, wenn es das Haupt einer Muslimin ziert. Kopftuchverbot ist das Gebot der Stunde. Denn dieses Bekleidungsstück ist ein religiöses Statement radikaler Islamistinnen, da kommt der auf RECHTE Österreicher schon ins Schwitzen. Vermutet unter jedem der Tücher einen Sprengsatz und den Untergang des Abendlandes. Also: Kopftuchverbot! Omas, Mütter und natürlich Klosterschwestern ausgenommen. Wozu hat man denn 1664 in der Schlacht bei Mogersdorf gemeinsam mit Deutschen und Franzosen die Türken verjagt? Doch nicht, damit sie auf hinterlistige Weise rund 350 Jahre später als Bauarbeiter, Putztrupps oder Kebapstandbesitzer das christliche Abendland unterwandern. »Wo kum ma denn do hin? (Wo kommen wir denn da hin?)«, lautet daher eine der beliebtesten Redewendungen, nicht nur in Ostösterreich. Tja, wohl nirgendwohin, denn gegen Fremdenfeindlichkeit ist kein Kraut gewachsen. Und solange rechte Bauernfänger mit Angstparolen den Unzufriedenen und zu kurz Gekommenen ein Feindbild bieten, wird es dankbar angenommen und liebevoll gehegt und gepflegt.

In einem Punkt unterscheidet sich der Burgenländer vom Kärntner diesbezüglich aber doch. Seit über sechzig Jahren »erträgt« er nämlich mit stoischer Gelassenheit zweisprachige Ortstafeln. Dieses in der österreichischen Bundesverfassung verbriefte Recht der zahlreichen Minderheiten, die in dem kleinen Land leben, treibt dem aufrechten Kärntner regelmäßig die Zornesröte ins Gesicht. Wo kum ma denn do hin? Aber das sagten wir ja schon. Jörg Haider war es übrigens auch, der dem Ausdruck »verrückt« eine zusätzliche Bedeutung verlieh, indem er eigenhändig zweisprachige Ortstafeln ausgrub und ver

rückte. Den Burgenländer scheint das nicht anzu-
fechten. Gelassen ignoriert er, dass er mit *Krowodn,
Tschuschn* und *Zigeina* (so werden die Minderheiten »liebevoll« genannt, wobei *Krowodn* für Kroa-
ten, *Zigeina* neben Roma unter anderem auch für
Ungarn und *Tschuschn* für die Restbevölkerung sla-
wischen Ursprungs gebraucht wird) das kleine Land
westlich und südlich des Neusiedler Sees bewohnt.

Was nun die Xenophobie allgemein angeht, so
ist sie kein rein burgenländisches Phänomen. Ganz
und gar nicht. Aber in besonders exponierten Teilen der Alpenrepublik tritt sie verstärkt hervor. Man
denke wieder an die Kärntner, die immer noch ihren
»Abwehrkampf« gegen einen imaginären Feind führen. In Tirol warten Schützenkompanien darauf, den
bedrängten Brüdern und Schwestern in Südtirol zu
Hilfe zu eilen.

Ganz so rabiat ist der Burgenländer nicht. Es gibt
keine paramilitärischen Einrichtungen, und gegen
den Feind im Osten wird höchstens in hitzigen, vom
Wein befeuerten Nächten verbal Front gemacht. Dafür gibt es aber viele Jäger. Militärische Einrichtungen gibt es sehr wohl auch. Österreichs Jungmänner
halten an der ehemals grünen Grenze zu Ungarn und
der Slowakei Ausschau nach Wirtschaftsflüchtlingen,
trotz offener Schengengrenzen. Und weil man den
Ungarn da nicht traut, sorgt man lieber selbst dafür,
dass es sich nicht jeder auf der Insel der Seligen, wie

172

»Schnitzelland« seinerzeit von einem hohen katholischen Würdenträger genannt wurde, bequem macht. Hin und wieder wird einer der Jungmänner von einem betagten Jägersmann für eine Wildsau oder was auch immer gehalten. Kollateralschaden auf Hianzisch halt.

Und nun zur Märchenstunde.
Ein österreichischer Politiker der extremen Rechten hatte einen Traum. Und wie das bei Politikern so ist, musste er den am darauf folgenden Tag sofort per Pressemitteilung dem erstaunten Publikum kundtun. Was war passiert? Schweißgebadet war er im Morgengrauen aufgewacht, die Worte »Ich muss das christliche Abendland retten« noch auf den Lippen. Im Traum war der derart Gepeinigte auf einer Bergtour in den wunderschönen österreichischen Alpen gewesen. Den Rucksack voller kulinarischer Köstlichkeiten, natürlich alle heimischer Provenienz. Na ja, bis auf ein Stück ungarischer Salami vielleicht. Oder den köstlichen Parmesan und die Tomaten. Und natürlich die zwei Pfirsiche. Aber das Brot war jedenfalls ganz bestimmt aus Österreich. Und so schritt unser braver Volksvertreter, ein fröhlich Liedlein auf den Lippen, frohgemut durch den Tann hinauf zu lichten Höhen. Da, wo die Gämslein lustig springen, der Arr (Adler) seine Kreise zieht, kurz, dorthin, wo die Welt noch in Ordnung ist und weder ausländische

Banden noch das internationale Finanzjudentum, die Russenmafia oder was sonst sich so anschickt, die Weltherrschaft an sich zu reißen, sein Unwesen treibt, ja, dorthin zog es den Wandersmann. Endlich auf- und durchatmen. Frei von sozialdemokratischem Gesinnungsterror, frei vom nervigen Gutmenschentum. Allein mit der Natur.

Und tatsächlich. Der Arr kreiste, die Gämslein sprangen. Bald würde er den Gipfel erreichen. Die Sonne stand hoch am Himmel. Kein Wölkchen trübte die Aussicht.

Doch was war das? Unser Politiker rieb sich die Augen. Schloss sie kurz. Sah noch einmal hin. Sein Herz schlug schneller, der Puls begann zu galoppieren. Das gibt's doch nicht!, dachte er. Das Gipfelkreuz! Es war weg!

Er kniff sich in den Oberarm. Der Schnaps am Vorabend auf der Hütte? Nein. Das konnte es nicht sein. Das Kreuz blieb verschwunden. Und an Stelle des Gipfelkreuzes prangte furchtbar drohend ... ein Halbmond. Eilig lief er näher. Tatsächlich. Irgendwelche vermaledeiten Unholde hatten das Symbol aller Symbole gegen diese Drohung des Weltuntergangs ausgetauscht. Rasch drehte er sich um. Ihm war, als wären alle Tiere der Berge plötzlich verschwunden. Der Himmel schien sich zu verdunkeln. Und nun erst bemerkte er das ganze verheerende Ausmaß der Katastrophe. Ringsum auf jedem

174

einzelnen Gipfel stand er und lachte ihn höhnisch an und aus. Der Halbmond.

Doch das Schlimmste kam erst. Da. Ein Geräusch. Ein Schauer durchfuhr ihn. Gänsehaut. Das Geräusch kam näher, wurde lauter. Ein seltsamer Singsang, wie er ihn nie gehört hatte. Grausam klang er. Und lockend zugleich. Unser Politiker musste unwillkürlich an den armen Odysseus und die Sirenen denken. Er straffte den Rücken. Ja, wie Odysseus, oder nein, der war schließlich Grieche, also besser wie Siegfried würde er dem, was da drohte, trotzen. Immer kräftiger wurde das Geräusch. Blankes Entsetzen trat dem Mann ins Gesicht. Nun wusste er, was hier sein Ohr quälte. Es war ein Muezzin. Wie Schuppen fiel es ihm von den Augen. Das also war der Plan dieser heimtückischen Morgenländer. Jäh begriff er. Geduldig und ohne Murren hatten sie das Verbot, Moscheen in seiner christlichen Heimat zu errichten, akzeptiert. Doch hinterhältig und verschlagen, wie der Muselmann nun mal ist, verbarg er hinter seinem devoten Lächeln einen schrecklichen Plan. Verdammt. Verdammt. Er hätte es wissen müssen. Nun hatte er Gewissheit. Ganz Österreich sollte eine einzige Moschee, die herrlichen Alpen in Minarette verwandelt werden. Ihn schauderte.

Noch ahnten die törichten Gutmenschen im Tal nicht, was auf sie zukam. Wie oft hatte er versucht, im Parlament oder mittels Pressekonferenzen diese verblendeten Multi-Kulti-Träumer wachzurütteln. Vergebens. Nun bekamen sie die Rechnung präsentiert. Das hatten sie davon. Burka, Beschneidung, Abhängen der Kreuze in den Klassenzimmern war noch das Geringste, das ihnen drohte. Schweinsbratenverbot. Abschaffung von Krampus und Nikolaus. Das alles würde bald schon Realität sein.

Laut »Abendland in Christenhand!« und »Daham statt Islam!« schreiend, stürzte unser Politiker ins Tal, um seine Volksgenossen zu warnen. Wehrhaftes Christentum war nun vonnöten. Hatte man nicht schon zweimal die Türken besiegt? Das Schlimmste verhindert? Warum nicht auch noch ein drittes Mal? Nur ein Aufstand der Tüchtigen und Anständigen konnte Österreich noch retten. Dann aber gleich ab mit dem arbeitsscheuen Gesindel. Ab in die bereitstehenden Züge und weit weg gebracht. Äußere Mongolei? Sibirien? Und die Gutmenschen gleich mit. Grenzen dicht, Ausländer raus. Schweinsbraten gerettet. Alles wird wieder gut. Muss wieder gut werden.

Und dann ist der Politiker aufgewacht. Siehe oben.

Liebe geistreiche Leserin, lieber geistreicher Leser, wie Sie natürlich selbst erkannt haben, kann sich so etwas im wirklichen Leben natürlich keinesfalls, *gar nie nicht* zutragen. Nicht im vorurteilsfreien, aufgeklärten Österreich des 21. Jahrhunderts. Und im Burgenland schon gleich dreimal nicht. Richtig, wegen Mangels an hohen Bergen und der üblicherweise darauf stehenden Gipfelkreuze. *Oder etwa doch?*

Der Burgenländer, wie der Österreicher überhaupt, ist anfällig für die abstrakte Bedrohung. Ein Phänomen, das wir schon aus der Zeit der Judenverfolgung im »Dritten Reich« kennen. Natürlich waren – nach Nazidiktion, der sich die meisten Österreicher gern angeschlossen haben – die Juden für das Unglück in der Welt und für das eigene »Zukurzgekommensein«, sprich: weniger zu haben als die anderen oder gar arbeitslos zu sein, Hauptverantwortungsträger. Aber der Kohn aus der Nachbarschaft oder die Grienspan in der Wohnung über uns? Nein, das sind anständige Leut', über die lass ma nix kommen. So oder so ähnlich spielt es sich heute mit den Ausländern ab, egal woher sie kommen. Der Kollege am Bau? Ein Superbursch. Einer aus Tschetschenien zwar. Aber zupacken kann der. Und geschickt ist er. Und die Fatma im Krankenhaus? Großartig. Wie die die Mama betreut. Füttert. Den Hintern putzt. Auch wenn's eine Türkin ist.

Als in den Fünfzigern des letzten Jahrhunderts große Flüchtlingswellen verzweifelte, vor dem Kommunismus fliehende Menschen ins Land spülten und der Burgenländer diesen bemitleidenswerten Kreaturen plötzlich an den Grenzen von Angesicht zu

Angesicht gegenüberstand, konnte er nicht anders, als zu helfen.

Doch zu Beginn des zweiten Jahrzehnts des neuen Jahrhunderts ist sie wieder da, die abstrakte Bedrohung. Der Streit, der das Land teilt, entfacht sich an einem Asylbewerberheim im Süden des Burgenlandes. Man benutzt ihn gern, den Ausdruck ›Asylant‹, denn er steht im Volksmund für einen arbeitsscheuen, obdachlosen Alkoholiker, der eben im Asyl unterkommt. Wobei zwischen dem Asyl suchenden Flüchtling und dem im Obdachlosenasyl gestrandeten Penner kein Unterschied gemacht wird. Ein Schelm, der denkt, hier stecke Absicht dahinter.

Bleibt nur zu hoffen, dass die im Land traditionell starke Sozialdemokratie nicht in vorauseilender Furcht vor dem Wähler und mit Blick auf die nächsten Landtagswahlen (der Landtag ist das gesetzgebende Gremium der Bundesländer, der Landeshauptmann ist dem Ministerpräsidenten in Deutschland vergleichbar) die Position der immer stärker werdenden Rechtspopulisten vorwegnimmt und dabei versucht, diese rechts zu überholen. Fast hilflos steht sie da, die Politik vor der Xenophobie, schaut zu, wie die rechte Demagogie immer mehr Menschen auf ihre Seite zieht, scheint kein Rezept gegen Fremdenfeindlichkeit zu haben, Werte der Menschlichkeit aufzugeben, und übersieht, dass sie sich dabei selbst ins Abseits zu manövrieren droht.

Anders als etwa in Deutschland musste Österreich sich nie mit seiner Rolle nach dem Anschluss und während des Zweiten Weltkriegs auseinandersetzen. Die Opferlegende vom Überfall Nazideutschlands auf Österreich ist zum Staatsmythos geworden und bis heute geblieben.

Kommen wir nun zu einem der finstersten Kapitel in der Geschichte des Burgenlandes, zu Rechnitz. Dem tiefsten Abgrund der Seele des Burgenländers sozusagen. Die tragischen Geschehnisse sind rasch erzählt. In der Nacht vom 24. auf den 25. März 1945, dem Palmsonntag, hatte die Gräfin Margit von Batthyány, ein Spross der Thyssen-Dynastie, Gäste auf Schloss Rechnitz geladen. SS-Offiziere, hochrangige NSDAP-Mitglieder, Sympathisanten. Man feierte ausgelassen und trank bis in die frühen Morgenstunden. Es muss ein Tanz auf dem Vulkan gewesen sein, denn man wusste bereits, dass die russische Armee nur noch wenige Kilometer entfernt stand und ihr Vormarsch Richtung Westen nicht mehr aufzuhalten war. Was dann geschah, ist ein in seiner Dimension unvorstellbares Zeugnis von Entmenschlichung und doch Realität.

Die betrunkenen Gäste des Festes kamen auf den Einfall, zum sogenannten Kreuzstadel zu gehen, da sie wussten, dass dort jüdische Gefangene aus Ungarn untergebracht waren. Etwa 200 sollen es gewesen sein, eingeteilt zum Bau des Ostwalls, der klägliche Versuch, die Rote Armee doch noch aufhalten zu können. Viele unter ihnen waren kaum mehr in der Lage zu gehen. Ausgehungert und erschöpft sollten sie im Kreuzstadel übernachten. Dort saßen sie in der Falle. Die betrunkene Horde metzelte die wehrlosen Menschen nieder. Anführer der Mörder war der NSDAP-Ortsgruppenleiter Franz Podezin, der sich seiner Strafe, ebenso wie Margit von Batthyány, durch Flucht ins Ausland entzog. Nach der Tat kehrte man ins Schloss zurück, um weiterzufeiern.

Erstaunlich an dem Fall, der sich so ähnlich wohl zigfach gegen Ende des Zweiten Weltkriegs zugetragen hat, ist, dass die Leichen der meisten Opfer bis heute nicht gefunden und die Haupttäter nie zur Verantwortung gezogen wurden. Die Bevölkerung des Ortes schweigt auch jetzt noch beharrlich über mögliche Stellen, an denen die Ermordeten begraben sein könnten. Zwar hat man am Kreuzstadel eine kleine Gedenkstätte eingerichtet, doch am liebsten, scheint es, wäre es den Rechnitzern wohl, wenn man den in Österreich so beliebten und gern und oft zitierten Schlussstrich ziehen würde.

Die großartige österreichische Literaturnobelpreisträgerin Elfriede Jelinek hat Rechnitz ein Theaterstück gewidmet. Es wundert einen schon sehr, dass sie bis jetzt von der extremen Rechten dafür nicht mit dem Prädikat »Obervernaderin« (Ober-

Nestbeschmutzerin) geadelt wurde, wie dies zuvor in so vielen anderen Fällen bereits geschehen ist. Der Ausdruck »vernadern« wurde übrigens im Rahmen der sogenannten EU-Sanktionen von der FPÖ ins Spiel gebracht, und jeder, der sich dem konsensualen Schulterschluss gegen das böse Resteuropa widersetzte, weil: *wo komm ma denn do hin* und *mia san mia*, wurde damit bedacht. Und von irgendwelchen Ausländern lassen wir uns ganz bestimmt nichts sagen.

Eine perfide Strategie, die in Österreich immer wieder funktioniert. Warum blieb Frau Jelinek bisher davon verschont? Vermutlich, weil die tumben Recken vom im November 2008 in den Münchner Kammerspielen uraufgeführten Stück »Rechnitz (der Würgeengel)« bislang einfach noch nichts gehört haben. Frau Jelinek hat uns in dem Stück mit – sowohl inhaltlich als auch sprachlich – schwer verdaulicher Kost versorgt. Ein Bissen, an dem noch Generationen kauen und würgen werden.

Im Prinzip ist es mittlerweile unerheblich, ob man in Rechnitz schweigt oder wirklich nicht weiß, wo die Gräber der Ermordeten zu finden sind – außer für die Angehörigen der Opfer natürlich, sofern sie den Holocaust überhaupt überlebt haben. Rechnitz ist ein trauriges Symbol für den Umgang mit der Vergangenheit geworden. Nur allzu viele Menschen beschwören uns immer wieder, endlich einen Schlussstrich zu ziehen. Gleichzeitig vergeht in

Österreich kaum eine Woche, in der nicht irgendeinem Politiker des rechten Lagers ein brauner Rülpser entkommt, der dann mittels oben beschriebener Methoden wahlweise verniedlicht oder dementiert wird. Als Entschuldigung dient maximal ein: »Das ist mir so rausgerutscht.« Dabei übersieht man wohlweislich, dass nur rausrutschen kann, was auch drinnen war, nämlich in den Köpfen. Und solange darin noch so viel Mist steckt, ist an einen Schlussstrich nicht zu denken. Ganz abgesehen davon, dass, gleich wie man Geschichte definiert, diese in keinem Fall durch welche Striche auch immer beendet oder ins Vergessen gedrängt werden kann. Betrachtet man darüberhinaus den Umstand, dass ja nur die Äußerungen von Personen, die im Lichte der Öffentlichkeit stehen, bekannt werden, solche Sprüche sich aber an den Stammtischen des Landes multiplizieren, so gewinnt man schon einen ganz guten Eindruck davon, wo Österreich zu Beginn des dritten Jahrtausends tatsächlich steht. Jedes andere Land wäre stolz auf eine Autorin und Literaturnobelpreisträgerin wie Elfriede Jelinek. Nicht so Österreich. Autoren, die sich kritisch mit der Heimat auseinandersetzen, werden gehasst.

Rechtsradikal motivierte Anschläge wie der im burgenländischen Oberwart, bei dem im Jahr 1995 die vier Roma Peter Sarközi, Josef Simon sowie Karl

| 182

und Erwin Horvath durch eine Rohrbombe ermordet wurden, sind die furchtbare Manifestation dieses Hasses. Der Anschlag wird dem Briefbombenattentäter Franz Fuchs zugeschrieben. Bis heute dauern die Vermutungen an, dass es sich bei Fuchs nicht um einen Einzeltäter handelte, sondern dass hinter der »Bajuwarischen Befreiungsarmee« doch mehrere Personen steckten. Bewiesen konnte bis dato nichts werden, und Fuchs hat es ja vorgezogen, sich mittels des Kabels seines Rasierapparates aus dem Leben zu verabschieden. Bedenkt man, dass ihn seine letzte Bombe beide Unterarme gekostet hat, ist das immerhin eine bemerkenswerte Leistung.

Das Burgenland hat hier noch einiges an Aufarbeitung zu leisten. Bleibt zu hoffen, dass die vier anderen Seelen stark sind und stärker werden und er es schafft, mit ihrer Hilfe auch seine finstere Seele anzunehmen, sie zu verstehen und ihr ein für alle Mal den Nährboden für Ungeheuerlichkeiten wie Rechnitz zu entziehen.

Seele No. 5

Die versöhnliche Seele

Wurde ich außerhalb Frankreichs aus Höflichkeit gefragt, ob ich à la française bewirtet werden wolle, habe ich mich jedes Mal darüber lustig gemacht und mich schleunigst auf den Tisch gestürzt, an dem die meisten Fremden saßen. Ich schäme mich, wenn ich sehe, wie meine Landsleute sich vom törichten Hang benebeln lassen, vor Verhaltensweisen zurückzuscheuen, die den ihren entgegengesetzt sind. Sie fühlen sich, sind sie nicht mehr in ihrem Dorf, nicht mehr in ihrem Element. Wohin sie auch gehen, klammern sie sich an ihre Gepflogenheiten und schütteln sich vor denen der Fremden. Begegnen sie einem Landsmann in Ungarn, feiern sie das als großes Ereignis: Sogleich rücken sie haut-nah aneinander und verurteilen all die barbarischen Sitten, *die sie um sich her sehn – da nicht französisch, müssen sie ja barbarisch sein! Dabei sind solche Landsleute noch die intelligentesten: Sie nehmen fremde Bräuche wenigstens wahr, wenn auch nur, um sie herabzusetzen. Die meisten aber machen sich bloß des Heimwegs willen auf den Hinweg. Sie reisen verschlossen, in ein misstrauisches und sich jeder Kommunikation versagendes Schweigen gehüllt, um ja nicht von der ihnen unbekannten Atmosphäre angesteckt zu werden.*

Kommt Ihnen irgendwie vertraut vor, denken Sie. Eine deutsche Reisegruppe in Tansania oder Antalya? Kann gut sein. Viel hat sich offenbar nicht geändert in den letzten 400 Jahren (!), seit der französische Philosoph Michel de Montaigne diese Beobachtungen aufschrieb. Und Hand aufs Herz, ertappen wir uns nicht selbst auch dabei, dass wir unseresgleichen suchen, je weiter wir von zu Hause weg sind? Wie sehr lassen wir uns auf das Fremde ein? Auf die Fremden? Dabei sind ja wir dort die eigentlich Fremden. Und werden immer wieder von Gastgebern beschämt, die sich uns unvoreingenommen öffnen.

Sich dem Fremden öffnen, das Fremde verstehen und akzeptieren, um diesen Planeten zu einem friedvolleren zu machen, dem hat sich eine besondere Einrichtung im Burgenland verschrieben, die wir nun besuchen wollen. Schon Montaigne hat im ausgehenden 16. Jahrhundert beklagt, wie wenig sich seine Landsleute auf das Neue und Ungewohnte einlassen. Wie sehr sie die »Wilden« und ihre ihnen fremden Sitten und Gebräuche verachten, nur weil sie sie nicht verstehen. Zumal kaum einer von ihnen je einen Menschen aus der vor noch nicht allzu langer Zeit entdeckten »neuen Welt« zu Gesicht bekommen hatte. Kommt Ihnen auch bekannt vor? Ja, da hat sich in den letzten vier Jahrhunderten so gut wie nichts geändert. Darum wollen wir jetzt Menschen aufsuchen, die Veränderung wollen und sich dafür einsetzen.

Von Süden kommend, windet sich die Landstraße durch einen Graben. Die Landschaft ist hügelig. Felsen lugen durch den Mischwald. Ein wenig öffnet sich das Tal, es geht einen kleinen Berg hinauf. Und dann sieht man eine der schönsten Burgen des Burgenlandes. Die Feste Schlaining wurde im Jahr 1271 errichtet. Über eine etwa zwanzig Meter lange Steinbrücke überquert man den Burggraben, doch schon bei dieser Überquerung merkt man, dass an diesem mittelalterlichen Bauwerk etwas anders ist. Etwas Eigenes, das es von all den anderen Burgen aus dieser Zeit unterscheidet. Hier lebt etwas, hier atmet ein besonderer Geist. Betritt man die Burg durch das Haupttor, wird die eigenwillige Architektur augenfällig. Tafeln und Wegweiser helfen einem auf die Sprünge, sowohl was die Geschichte der Burg, als auch, was das aktuelle Leben in ihr angeht.

Schlaining beherbergt seit 1982 das *Österreichische Studienzentrum für Frieden und Konfliktlösung (ÖSFK)*. Es soll laut Website »zur weltweiten Förderung des Friedens und zur friedlichen Beilegung von Konflikten und der Verbreitung von praktischen Ideen für den Frieden, einschließlich von Entwicklungs- und Umweltaspekten beitragen«. Ein hehres Anliegen. Doch wie soll das umgesetzt werden?

Zum einen finden jedes Jahr mehrere Konferenzen sowie eine Sommerakademie statt. Die einzelnen Studienangebote werden pro Semester von mehreren Hundert Personen aus der ganzen Welt besucht. Es gibt internationale Treffen von Wissenschaftlern für den Frieden.

Zahlreiche Publikationen wie etwa die ÖSFK-Schriftenreihe mit Studien zur europäischen Friedenspolitik, Beiträgen zur Friedensforschung oder konkreten Friedenserziehung runden zum anderen das Bild ab. Die Publikationen beschäftigen sich mit so unterschiedlichen Themenkreisen wie: »Krisenherd Naher und Mittlerer Osten«, »Europa und die Dynamik der globalen Krise«, »Die Weltordnung von Ökonomie und Krieg« oder »Schurkenstaat und Staatsterrorismus«. Das *Studienzentrum für Frieden und Konfliktlösung* erhielt Anfang 2010 den Status einer Privatuniversität.

Die Burg und der malerische kleine Ort Stadtschlaining verfügen über eine ausgezeichnete Infrastruktur. Neben dem bereits erwähnten Studienzentrum für Frieden- und Konfliktlösung hat hier auch die jährlich stattfindende »State of Peace«-Konferenz eine Heimat gefunden.

Sollten Sie, liebe stressgeplagte Leserin, oder Sie, lieber outgeburnter Leser, mit Ihrer Firma, Abteilung, Ihrem Großraumbüro, womit auch immer, eine Auszeit brauchen und gruppendynamisch mal wieder so richtig auf Vordermann kommen wollen, so bieten das Hotel und Konferenzzentrum Burg Schlaining alles, was man dazu braucht, in bester Qualität. Und wer weiß, vielleicht springt bei so viel Friedensaktivistennähe der Funke über und hilft, das Miteinander im beruflichen Alltag zumindest für einige Zeit harmonischer und damit auch produktiver zu gestalten. Und wenn's nicht das Friedenszentrum sein soll, dann genügt schon die friedliche Gegend, in der man so vielen entspannenden Aktivitäten nachgehen kann.

Vielleicht wollen Sie aber auch nur die Burg besichtigen und sich von diesem einzigartigen Ambiente inspirieren lassen. Dann besuchen Sie das dortige Friedensmuseum, und staunen Sie, wie aus einer einfachen Idee etwas Großartiges, für uns alle immens Wichtiges entstanden ist. Sie können sich unter einem Friedensmuseum eigentlich nicht viel vorstellen? Dann raten wir Ihnen als Erstes: Bringen Sie viel Zeit mit.

Es fängt damit an, dass Sie in den mächtigen Gewölben der Burg auf multimediale Weise mit dem Thema Konflikt konfrontiert werden. Dem ganz alltäglichen, zwischenmenschlichen, dem sich jeder von uns mehr oder weniger ausgesetzt sieht. Spezieller wird es in den Themenbereichen Zivilcourage, Gewalt gegen Frauen und nicht zuletzt Gewalt gegen Kinder. Spätestens jetzt begreifen Sie, dass es gar nicht nur um das für viele von uns eher abstrakte Thema des Weltfriedens geht. Ein Thema, das wir auf der einen Seite schon als fast inflationär empfinden und andererseits mangels unmittelbarer Bedrohung gern bei den Abendnachrichten abhaken.

Anfang der Achtzigerjahre, als das Institut gegründet wurde, empfanden die Autoren und ihre Generation die Bedrohung als weit konkreter und gingen mit Hunderttausenden in Europa gegen SS 20 und Pershing auf die Straße, um ein Zeichen dagegen zu setzen, dass rabiat gewordene Amerikaner ebensolche Sowjetrussen per Atombombe in die ewigen Jagdgründe verfrachten wollten und umgekehrt.

Keiner ahnte, wie nahe der Kalte Krieg uns tatsächlich an den Abgrund geführt hatte. Aber instinktiv wussten wir, dass es uns alle anging und jeder Einzelne betroffen war. Ganz nebenbei traf man auf den Demos jede Menge Gleichgesinnter und ließ manchen Abend mit reichlich Diskussionsstoff und – na gut – auch etwas Alkohol ausklingen. Zugegeben, etwas viel vielleicht. Aber so war das in den wilden Achtzigerjahren. Endzeitstimmung und Straßenkampf. Ich möchte ein Eisbär sein und keine Atempause.

Die Konfliktherde von damals haben sich kaum geändert. Nur die Art der Austragung. Auch das veranschaulicht die Dauerausstellung in Schlaining sehr eindrücklich. Sie zeigt auch Lösungsansätze, wie man effektiver damit umgehen kann.

Positiv fällt auf, dass hier nicht der erhobene Zeigefinger regiert und es keine einseitigen Schuldzuweisungen gibt. Konfliktherde werden konkret angesprochen und so die Gefahr einer nivellierenden Beliebigkeit gebannt.

Und noch eine Besonderheit hat Schlaining zu bieten. Gemeinsam mit der Johannes-Kepler-Universität Linz und deren Institut für Fernunterricht bietet man das erste und einzige virtuelle Jurastudium in Österreich an. Ein Novum, das beruflich oder familiär unabkömmlichen oder auch behinderten Menschen die Chance gibt, ohne physische Präsenz an der Universität ein vollständiges Diplomstudium der Rechtswissenschaften zu absolvieren. DVDs und das Internet bieten den Studierenden die Möglichkeit, sich völlig orts- und zeitunabhängig ihr Wissen anzueignen und an mehreren »Außenposten« die nötigen Prüfungen abzulegen. Eine feine Sache.

Natürlich verfügt die Burg neben Konferenzsälen aller Größenordnungen auch über einen Rittersaal. Veranstaltungen vom Klangfrühling bis zum Frühschoppen runden das Angebot ab.

Ach, gäbe es nur Hunderte, Tausende Burg Schlainings auf der Welt.

Doch da ist noch mehr. Es gibt sie tatsächlich, die Helden des Alltags, die ohne viel Aufhebens mit bescheidenen Mitteln in ihrer unmittelbaren Umgebung einen Beitrag für ein besseres Miteinander leisten. Zu ihnen gehört ein in Güssing wohnhafter ungarischer Zahnarzt, der in den Fünfzigerjahren nach Deutschland emigrierte, dort eine florierende Praxis eröffnete, diese aber wieder verkaufte, um in seine Heimat zurückzukehren. Jetzt lebt er in Moschendorf, hat seine Zahnarztpraxis in Ungarn und lädt einmal im Jahr Kinder aus Tschernobyl auf seine eigenen Kosten in einen Bus, bringt sie nach Österreich, lässt sie medizinisch untersuchen, kleidet obendrein alle neu ein und bereitet den Kindern eine unvergessliche Zeit. Ganz ohne Eigennutz. Einfach nur so. Wir ziehen den Hut.

Wie Sie sehen, kann sich der Burgenländer auch in Bezug auf seine versöhnliche Seele auf ein Kreativpotenzial im Land verlassen. Derzeit überlegt man, ähnlich dem Projekt Schlaining ein Volksgruppenzentrum zu errichten, das sich sowohl ethnologisch als auch künstlerisch, aber durchaus auch politisch

mit der immer akuter werdenden Thematik der
Zuwanderung und Integration, aber auch mit tradi-
tionellen Strukturen des »Vielvölkergemischs« Burgenland auseinandersetzt. Ein Projekt, das an Dring-
lichkeit und Wichtigkeit kaum zu unterschätzen ist,
wie der schleichende Erfolg rechtspopulistischer wie
rechtsradikaler politischer Gruppierungen in ganz
Europa warnend vor Augen führt.

Burg Schlaining hat bewiesen und beweist, dass es
ein langwieriger Prozess ist, erlernte Denkmuster aus
den Köpfen der Menschen zu bekommen. Natürlich
muss man ihre Sorgen ernst nehmen. Nicht allen
geht es so gut, dass sie großzügig und vorbehaltlos
einer wenn auch nur minimalen Umverteilung von
Leistungen auf die Ärmsten – nämlich diejenigen,
die Familie und Heimat aufgeben, um für sich selbst
oder ihre Kinder eine bessere Zukunft zu erkämp-
fen – zustimmen. Übrigens haben über 9000 Vorfah-
ren der Burgenländer, hauptsächlich aus dem südlichen Landesteil, zu Beginn des letzten Jahrhunderts
das Land verlassen, um als Wirtschaftsflüchtlinge in
die USA zu emigrieren.
   Wir müssen erkennen und akzeptieren lernen,
dass es nichts Verwerfliches ist, seine Heimat aus wirt-
schaftlichen Gründen zu verlassen, und dass Menschen, die das tun, nicht von vornherein feindlich
gesinnt sind, sondern eine Bereicherung darstellen

193

können – wenn man sie denn am Leben und damit auch an der Wirtschaft des Landes teilnehmen lässt.

Aber noch sind wir weiter denn je davon entfernt, ausländische Mitbürger zu akzeptieren. Schon gar nicht, wenn sie ihre Sitten und Gewohnheiten, landesübliche Kleidung und Lebensformen mitbringen.

Dabei haben auch wir über die Jahre und Jahrhunderte einen permanenten Kulturwandel erlebt. Und das ist gut so. Als Anfang der Achtzigerjahre beispielsweise junge Menschen in Jeans und Turnschuhen die westeuropäischen Parlamente eroberten, wurden sie von einer Mehrheit der Bürger als Spinner, Weltverbesserer und Utopisten diffamiert. Biologische Tierhaltung, Klimaschutz? Alles Phantasien von Spinnern, die »lieber was Anständiges arbeiten« sollten. Und heute? Zeigen Sie uns einen konservativen Politiker in der Bundesrepublik Deutschland, der Schweiz oder in Österreich, der nicht den gesamten Wertekanon der Grünen und Ökobewegungen unverrückbar in sein Politrepertoire aufgenommen hätte.

Der Ex-Kommunarde Rainer Langhans bezeichnete das Internet als den späten Sieg der Achtundsechziger. Eine einzige riesige Kommune, in der hemmungslos miteinander kommuniziert werden kann. Auch hier hat bereits ein Wertewandel noch nicht absehbaren Ausmaßes begonnen. Also Mut. Es geht. Und, das versichern uns ernst zu nehmende Ökonomen, es MUSS gehen, da wir wegen des schwachen Bevölkerungswachstums unseren zukünftigen Wohlstand überhaupt nur mithilfe von Zuwanderern absichern können.

Auch und gerade im Burgenland mit seinen vielen Volksgruppen muss man die Zeichen der Zeit erkennen. Populismus ist fehl am Platz. Das Schüren der Angst vor dem Fremden sowieso. Menschen, die zu uns kommen und um Hilfe bitten, als *Asylanten* – ein Wort, das wie gesagt in Österreich Schmarotzertum und Alkoholismus impliziert – zu stigmatisieren, hilft in keinem Fall weiter.

Aber wir sind uns sicher: So, wie wir das Burgenland und seine Menschen kennengelernt haben, werden sie mithilfe ihrer fünf Seelen einen Weg finden, dieses für uns alle so wichtige Thema behutsam, aber mit aller Kraft, ihrer gesamten Kompetenz, Intelligenz und Kreativität in eine spannende Zukunft zu führen.

Amen.

Unser Streifzug durch das kleine, aber umso spannendere Land endet nun. Es gäbe noch weit mehr zu erzählen. Von so vielen interessanten Menschen, die es sich zum Lebensinhalt gemacht haben, die schönen Seelen des Burgenländers für alle erkennbar und verständlich zu machen. Nicht selten stoßen sie dabei auf Vorurteile und Ablehnung. Aber der Burgenländer ist zäh. Manchmal auch stur. Er lässt sich nicht so leicht abschrecken.

Viele Pilgerstätten der Seelen konnten wir nicht besuchen. Viele Hohepriester mussten unerwähnt bleiben. Wir konnten nur einen kleinen Einblick geben. Aber wir wollen Ihnen ja Ihr eigenes, ganz besonderes Reiseerlebnis nicht vorenthalten. Die Freude, etwas Außergewöhnliches ganz allein entdeckt zu haben, es zu besitzen und mit nach Hause zu nehmen, wo es einem für immer gehört.

Zugegeben, es wurde viel gegessen und getrunken auf diesen 197 Seiten. Aber das ist nun einmal Landesbrauch. Und das Wo, Wann und Wieviel bestimmen immer noch Sie.

Politisiert wurde auch reichlich, meinen Sie? Stimmt. Auch das ist üblich im Burgenland. Sie werden es spätestens abends im Wirtshaus merken, wenn Sie freiwillig oder unfreiwillig den Gesprächen der Einheimischen lauschen.

Und wenn Sie jetzt, am Ende dieses kleinen Büchleins – aber das halten wir für ganz unwahrscheinlich –, immer noch keine Lust verspüren, dieses schöne Land zu besuchen, um seine fünf Seelen zu finden und verstehen zu lernen, können wir Ihnen auch nicht mehr helfen.

Wenn aber doch, garantieren wir Ihnen etwas Besonderes. Etwas, was es wert ist, entdeckt zu werden. Und das Beste daran ist, dass Sie mit der Reise sofort beginnen können. Ja, Sie haben richtig gelesen. Hier und jetzt. Wo immer Sie sind. Fangen Sie einfach an zu suchen, und plötzlich stellen Sie fest, dass er sich schon längst in Ihr Herz geschlichen hat, der Burgenländer mit seinen fünf Seelen.

Dank

Hans Christian Meiser – ohne Dich gäbe es das Buch
nicht

Robert Hültner – vielen Dank für die vielen Ezzes

Bereits erschienen:
Gebrauchsanweisung für...

Amerika
von Paul Watzlawick

Amsterdam
von Siggi Weidemann

Argentinien
von Christian Thiele

Barcelona
von Merten Worthmann

Bayern
von Bruno Jonas

Berlin
von Jakob Hein

die Bretagne
von Jochen Schmidt

Brüssel und Flandern
von Siggi Weidemann

Budapest und Ungarn
von Viktor Iro

China
von Kai Strittmatter

Deutschland
von Wolfgang Koydl

Dresden
von Christine von Brühl

Düsseldorf
von Harald Hordych

die Eifel
von Jacques Berndorf

das Elsaß
von Rainer Stephan

England
von Heinz Ohff

Finnland
von Roman Schatz

Frankfurt am Main
von Constanze Kleis

Frankreich
von Johannes Willms

Freiburg und
den Schwarzwald
von Jens Schäfer

den Gardasee
von Rainer Stephan

Genua und
die Italienische Riviera
von Dorette Deutsch

Griechenland
von Martin Pristl

Hamburg
von Stefan Beuse

Indien
von Ilija Trojanow

Irland
von Ralf Sotscheck

Istanbul
von Kai Strittmatter

Italien
von Henning Klüver

Japan
von Andreas Neuenkirchen

Kalifornien
von Heinrich Wefing

Katalonien
von Michael Ebmeyer

Kathmandu und Nepal
von Christian Kracht
und Eckhart Nickel

Köln
von Reinhold Neven Du Mont

Leipzig
von Bernd-Lutz Lange

London
von Ronald Reng

Mallorca
von Wolfram Bickerich

Mecklenburg-
Vorpommern und die
Ostseebäder
von Ariane Grundies

Moskau
von Matthias Schepp

München
von Thomas Grasberger

das Münchner
Oktoberfest
von Bruno Jonas

Neapel und die
Amalfi-Küste
von Maria Carmen Morese

New York
von Verena Lueken

Niederbayern
von Teja Fiedler

Nizza und
die Côte d'Azur
von Jens Rosteck

Norwegen
von Ebba D. Drolshagen

Österreich
von Heinrich Steinfest

Paris
von Edmund White

Peking und Shanghai
von Adrian Geiges

Polen
von Radek Knapp

Portugal
von Eckhart Nickel

Rom
von Birgit Schönau

das Ruhrgebiet
von Peter Erik Hillenbach

Salzburg und
das Salzburger Land
von Adrian Seidelbast

Schottland
von Heinz Ohff

Schwaben
von Anton Hunger

Schweden
von Antje Rávic Strubel

die Schweiz
von Thomas Küng

Sizilien
von Constanze Neumann

Spanien
von Paul Ingendaay

Südafrika
von Elke Naters und Sven Lager

Südfrankreich
von Birgit Vanderbeke

Südtirol
von Reinhold Messner

Sylt
von Silke von Bremen

Tibet
von Uli Franz

die Toskana
von Barbara Bronnen

Tschechien und Prag
von Jiří Gruša

die Türkei
von Iris Alanyali

Umbrien
von Patricia Clough

die USA
von Adriano Sack

den Vatikan
von Rainer Stephan

Venedig mit Palladio und
den Brenta-Villen
von Dorette Deutsch

Wien
von Monika Czernin

01/0006/05/R

PIPER

Heinrich Steinfest
Gebrauchsanweisung für Österreich

192 Seiten. Gebunden

Österreich, das Land, das sich als Riese schlafen legte und als Zwerg wieder aufwachte, eingeschlossen in das Innere einer Mozartkugel. Wiener Schnitzel und Schwedenbombe, dramatische Bergkulissen und pompöse Architekturen, Zwölftonmusik und Alpenjodler, Burgtheater und Kasperltheater – Österreich hat viele Seiten, und Heinrich Steinfest kennt sie alle. Der preisgekrönte Krimiautor und leidenschaftliche Österreicher nimmt uns mit auf seine Tauchfahrt in die k.u.k-Seele, weist uns ein in die verborgenen Riten, führt uns zum Heurigen, in die Unterwelten, Schneewelten und Scheinwelten und weiht uns ein in das süße Geheimnis der Mehlspeisen und das dunkle Geheimnis des österreichischen Fußballs. Ein Vademekum für Ihre Reise auf die abgründige »Insel der Seligen«.

01/1712/01/L

PIPER

Monika Czernin

Gebrauchsanweisung für Wien

Überarbeitete und erweiterte Neuausgabe. 218 Seiten.
Gebunden

Eine Melange trinken, wo Joseph Roth den »Radetzky-
marsch« verfaßte; sich im Dreivierteltakt um die eigene
Achse drehen, wo die Hautevolee auf rauschende Bälle geht.
Hier hat Adolf Loos mit seiner Architektur Skandale aus-
gelöst, hier gehört heftiges Debattieren immer noch zum Alltag wie der weiße G'spritzte zum Tafelspitz. Wien – eine
Stadt zwischen Nostalgie und Moderne. Monika Czernin,
selbst aus einer alten österreichischen Familie, weiß, was
den Wiener heute umtreibt, warum Oberkellner respektierte
Persönlichkeiten sind, Obdachlose standesbewußt und
fesche Ministersekretäre immer Karriere machen. Hier erfahren Sie, was der »Schmäh« wirklich ist, warum man
»Sackerl« und nicht Plastiktüte sagen sollte und wieso Wien
heute der absolute Geheimtip ist.

01/1283/02/R

PIPER

Viktor Iro

Gebrauchsanweisung für Budapest und Ungarn

224 Seiten mit einer Karte. Gebunden

Haben Sie schon mal im Wasser Schach gespielt? Umgeben
von fast unbekleideten schönen Mädchen? Nein? Dann
waren Sie noch nie im Széchenyi-Bad. Sein Besuch gehört zu
den exquisitesten Freuden, die Ungarn bereithält. Lernen
Sie die Segnungen heißen Wassers in Thermalbädern und Kaf-
feehäusern kennen. Erfahren Sie alles über die beiden
Stadthälften Buda und Pest. Über die Bedeutung der Jugend-
stilarchitektur und alter Fabrikhallen, in denen heute DJs
auflegen. Die Heimat von Börsengrößen, Weltklassefotogra-
fen und -komponisten, das Ferienziel Balaton und die
Schönheit der Puszta. Über Spitzenweine fern von Stierblut
und Restzucker. Darüber, wie ein paar Ungarn Hollywood
erfanden – und wie das Mangalicaschwein zum Symbol des
Biobooms wurde.

01/1920/01/L

PIPER

Jiří Gruša
Gebrauchsanweisung für Tschechien und Prag

240 Seiten. Gebunden

Tschech heißt der Stammvater der Tschechen, und mit ihm beginnt Jiří Gruša sein Buch: »Milch und Honig im Überfluß« meldet Tschech alttestamentarisch aus seiner Heimat. Nach ihm erkannten das auch viele andere, Tschechien wurde zum »Durchhaus Europas«, ein Ort, an dem sich die Kulturen mischten und gegenseitig inspirierten. Herausgekommen ist am Ende laut Gruša der moderne Tscheche, der Bastler, Tüftler und Praktiker, den er liebenswert als optimistischen Nörgler bezeichnet, ein Nachfahre des braven Soldaten Schwejk, dem ein wundervolles Kapitel gewidmet ist. Gruša entfacht in seiner Gebrauchsanweisung ein Feuerwerk an Zusammenhängen, Anspielungen und handfesten Informationen über sein Heimatland. Von der bewegten Geschichte über die reiche Literatur und von der zungenbrecherischen Sprache erfährt der Leser höchst Wissenswertes und manches ungeahnte Detail über unsere östlichen Nachbarn. Und am Ende sind alle sprichwörtlichen böhmischen Dörfer beseitigt. Die übrigens nennen sich in Tschechien spanische Dörfer. Der Böhme Jiří Gruša muß es wissen.

01/1276/03/R